Stefanie Spessart-Evers

Auf den Spuren der Pilger

Das Buch

Zu Fuß nach Santiago – eine Frau auf den Spuren so vieler, die den jahrhundertealten Camino gegangen sind – und immer noch gehen. Von Südfrankreich über die Pyrenäen führt der Jakobsweg, schweißtreibend. Grenzen werden überschritten. Gehen wird zum Meditieren, der Weg zum Ziel. Eine Pilgerwanderung, die uns vieles neu sehen lässt. Begegnungen am Wegesrand, aber auch Begegnungen mit sich selbst: »Und hören nicht auf zu wandern, bis wir gewandelt sind ...« (Kaschnitz)
Eine Einladung, sich selbst auf eine innere Reise zu machen. Ein leises, starkes, packendes Buch.

Die Autorin

Dr. phil. Stefanie Spessart-Evers, Diplompsychologin und Soziologin, geb. 1947, lebte und arbeitete nach ihrem Studium vier Jahre in Lateinamerika, bevor sie 1981–84 als Mitarbeiterin von Karlfried Graf Dürckheim und Maria Hippius in der Existenzialpsychologischen Bildungs- und Begegnungsstätte in Rütte (Schwarzwald) wirkte. Nach der analytischen Weiterbildung (C. G. Jung) arbeitete sie seit 1989 in eigener psychotherapeutischer Praxis.

STEFANIE SPESSART-EVERS

Auf den Spuren der Pilger

Mein Weg nach
Santiago de Compostela

HERDER

FREIBURG · BASEL · WIEN

MIX
Papier aus verantwor-
tungsvollen Quellen
FSC® C083411

Überarbeitete Neuausgabe 2018

Originalausgabe:
© Verlag Herder GmbH, Freiburg im Breisgau 2006
Alle Rechte vorbehalten
www.herder.de

Umschlaggestaltung: Designbüro Gestaltungssaal
Umschlagmotiv: © bepsy/shutterstock

Satz: Arnold & Domnick, Leipzig
Herstellung: CPI books GmbH, Leck

Printed in Germany

ISBN Print 978-3-451-06965-9
ISBN E-Book 978-3-451-81155-5

Inhalt

Einige Worte voraus

Wenn ich von meinen Erfahrungen während der letzten Jahre auf den verschiedenen Jakobswegen erzähle, begegnen mir meist zwei ganz unterschiedliche Reaktionen: Die einen finden es befremdlich und fragen mich, warum ich diese Strapazen auf mich nehme – und bei den anderen scheint etwas innerlich aufzuleuchten und sie wollen immer mehr wissen. Ein Freund, der vor kurzem zum ersten Mal auf dem Jakobsweg war, meinte: »Mir sind neue Türen zur Welt aufgegangen!«. Ich hoffe, dass die in diesem Buch geschilderten Eindrücke von meinem Weg durch Spanien etwas von dem Zauber des Weges vermitteln können.

Kennen nicht die meisten von uns diese Sehnsucht nach mehr inspirierender Lebendigkeit im eigenen Leben? Nach etwas, das uns neugierig macht, uns herausfordert und eine Abwechslung in unseren normalen Alltag bringt? Begibt man sich auf den Weg, wird man mit einem ganz neuen Blick auf die unterschiedlichsten Landschaften und Lebensformen samt ihrer kulturellen Geschichte sowie einer Fülle von Erlebnissen mit sich selbst und Menschen aus aller Welt beschenkt, wie wir es sonst in dieser Intensität kaum erfahren.

Neugier und Sehnsucht nach Herausforderungen sind uns eingeboren, wie der Neurobiologe Gerald Hüther immer wieder betont. Oft bleiben sie jedoch ungestillt. Mit digitalen Medien können wir zwar unserer Neugier nachgehen und damit auch eine manchmal vorhandene innere Leere zudecken, aber sie können nicht unsere Sinne befriedigen und leibhaftes Erleben ermöglichen, das uns wieder mit unserem ganzen Menschsein verbindet.

Warum sind die Jakobswege seit so vielen Jahren den meisten Menschen ein Begriff? Ich glaube, weil sie eine Hoffnung nähren, etwas von dieser geheimen Sehnsucht nach mehr Lebendigkeit in körperlicher, seelischer, geistiger und auch spiritueller Hinsicht zu stillen. Ich behaupte, dass sich diese Hoffnung erfüllen kann, wenn man sich aufmacht – und auf macht, auch im wörtlichen Sinne. Vielleicht kann mein Erzählen schon ein Echo, eine innere Resonanz in Ihnen auslösen? Gleichzeitig schenkt eine solche Herausforderung, wie sie das Gehen eines langen Weges vermittelt, uns Erfahrungen, die motivieren können, auch in unserem sonstigen Leben mehr Lebendigkeit und Tiefe zu suchen, den »Geschmack des guten Lebens«.

Jakobswege gab es in früheren Jahrhunderten und gibt es erneut durch ganz Europa und mit unterschiedlichen Herausforderungen an den Wanderer oder Pilger, was z. B. die körperliche Fitness oder auch die Infrastruktur an Herbergen oder Privatquartieren betrifft. Der hier geschilderte Weg durch den Norden Spaniens, der »camino frances«, war meine erste Erfahrung, mich auf die Spuren der Pilger und ihrer Jahrhunderte langen Geschichte zu begeben. Er führt durch ganz verschiedene Landschaften, angefangen von der Überquerung des Pyrenäengebirges und danach seines Vorgebirges entlang dem Fluss Aragón, dann über die Hügel von Navarra und Rioja mit ihren fruchtbaren Getreideflächen und Weingärten, danach durch die so weite, spärlich besiedelte Hochebene der Meseta, hinter León dann durch wilde, einsame Bergregionen bis hin zu den feuchten Nebelwäldern Galiciens und dem äußeren Ziel: Santiago de Compostela.

Immer wieder ist im täglichen Gehen die Herausforderung enthalten, sich dem Weg, der Landschaft und dem Wetter, aber auch der Situation in den Dörfern und Städten sowie in den unterschiedlichsten Herbergen auszusetzen. Es bleibt in der Regel nichts anderes übrig, als sich mit dem zu konfrontieren, was da ist, und diese Bedingungen annehmen zu lernen – oft eine Übung eigener Art. Und jeder hat seine eigene Weise und seinen eigenen Prozess, mit diesen äußeren Gegebenheiten, aber erst recht mit den damit verbundenen inneren Erfahrungen umzugehen.

Der Theologe Fridolin Stier spricht von dieser Herausforderung, sich radikal auszusetzen und immer wieder unsere alten Gewohnheiten loszulassen, damit sich uns neue Horizonte öffnen können:

»Geh, verlass die Heimat,
die Welt, darin du geboren bist,
darin du dich eingerichtet hast –
das Haus, voll von den Namen der Dinge, die um dich
    sind,
lass alles, was dir die Sprache über sie zu wissen gibt,
lass auch alles, was dir die Wissenschaft über sie
    vorspricht,
lass auch die Begriffe, mit denen du nach den Dingen
    greifst –

lass dieses Haus hinter dir, geh!
Dann wirst du, vielleicht wirst du dann dem Anderen
  begegnen,
für das du weder Namen noch Wissen noch Begriffe hast,
dem ur- und ingründig Wirklichen und Wirkenden
  begegnen. (...)[1]

Ein wirklicher Aufbruch und ein längerer Weg können uns auf eine neue Weise mit uns selbst und unserer Tiefe verbinden – und viele fühlen sich unterwegs gleichzeitig befreit von ihren gesellschaftlichen Rollen und Masken. Der Weg kann uns erneut lehren zu staunen und zeigen, wie kostbar es ist, mit allen Sinnen und mit Achtsamkeit einfach nur »da« zu sein, statt – wie meist gewohnt – auf eine ferne Perspektive ausgerichtet zu leben. Die für alle Pilger gemeinsamen Bedingungen des Weges schaffen Kontakt und Nähe zu anderen und erleichtern eine größere Offenheit und tiefe Gespräche miteinander – eine weitere Gabe des Weges.

Seit meinem Weg durch Spanien mag sich dies und jenes bereits wieder verändert haben. Wie ein lebendiger Organismus erscheint mir der Jakobsweg in dauernder Wandlung begriffen. Seine Essenz jedoch ist ein Geschenk, das jedem zugänglich bleibt, der sich wirklich dem Weg innerlich und äußerlich aussetzt. Auch wenn immer mehr Menschen auf den »camino« strömen, wie der Weg in Spanisch heißt, so vermag doch jeder, der ihn begeht, täglich zu entscheiden, ob er bereit ist, Unwägbarkeiten anzunehmen oder er sich von vornherein möglichst weitgehend absichert. Möglichkeiten wird es immer geben, sich dem

Weg zu stellen – es kommt darauf an, wie der Einzelne damit umgeht.

Einige Menschen haben mich im Vorfeld dieser Weg-Erfahrungen unterstützt, und dafür möchte ich ihnen an dieser Stelle danken. Da ist zuerst meine Lebensfreundin Brigitte, die mir damals im richtigen Augenblick ein Buch über den Pilgerweg schenkte. Es war konkret genug, um mir vorstellen zu können, den lang gehegten Plan Wirklichkeit werden zu lassen. Anke und Klaus waren meine »Paten«, die mich nach ihrer Rückkehr von Santiago mit ihrer Begeisterung ansteckten und auch mit Informationen versorgten. Mechthild und einige Frauen aus »meinem« meditativen Tanzkreis verabschiedeten mich – ein Ritual, dessen Bedeutung sich erst erspüren lässt, wenn man sich zum ersten Mal für eine längere Zeit »ins Ungewisse« begibt (so habe ich es jedenfalls damals wahrgenommen). Nicht zuletzt möchte ich meinem Mann für seine liebevolle Unterstützung danken.

Dann gibt es »Engel auf dem Weg«. Das sind Menschen, die im richtigen Augenblick das Richtige sagen, tun oder einfach nur da sind. Ich danke ihnen und den Generationen vor mir, die über ein Jahrtausend diesen Weg begingen und bahnten – unter weitaus schwierigeren Bedingungen als heute. Ich wanderte auf ihren Spuren.

Ultreya!   Im März 2018

I. Einstimmung

1. Vom Klang der Sinne und – der Stille

Einfache Schulhefte, die mir als Tagebücher dienten, liegen abgegriffen und vom Rucksack zerknickt vor mir. Sie enthalten eng beschriebene Seiten, ein paar Skizzen, Gedichtzeilen. Oft erwähne ich nur in Halbsätzen und Stichworten, was ich während des über sechswöchigen Wanderns von Südfrankreich aus über den Somportpass auf dem spanischen Jakobsweg erfahren habe. Anstrengung und Erschöpfung waren manchmal zu groß, um noch ausführlich zu berichten. Doch trotz der täglichen Aufzeichnungen enthalten diese Tagebücher nur einen Bruchteil der Fülle, die ich erlebte.

Täglich viele Stunden zu wandern, brachte mich nach und nach immer mehr zur Ruhe. Manches, was mich anfangs bewegte, klärte sich durch die wochenlang währende »Meditation des Gehens«: eine wunderbare Übung des Schweigens und der Achtsamkeit im Rhythmus der eigenen Schritte. Innerlich leer werden bedeutet, sich zunehmend frei und offen zu fühlen, um im Schauen, Lauschen und Staunen ganz anwesend zu sein. Aus diesen Erfahrungen schälten sich allmählich zwei Einsichten heraus:

Zum einen: Täglich mit dem Sonnenaufgang in einen Frühsommertag hineinzuwandern, das bewirkt ein beglückendes »Wecken der Sinne«. Der Weg verlangt geradezu danach, alle Facetten der Sinne zu entfalten: Welch unendliche Farben und Nuancen in den verschieden durchlichteten Landschaften und Himmeln! Welch eine Freude, allmorgendlich im Frühgesang der Vögel loszugehen, an rauschenden Bergflüssen entlangzuwandern, in den Auen den Nachtigallen zu lauschen! Wie zart höre ich den Wind flüstern, spüre, wie er an meiner Haut kühl vorbeistreicht oder mich an anderen Tagen anblafft, so dass ich mich mit ganzer Kraft gegen die Böen stemmen muss! Während ich die Abgase in den Städten früher kaum noch wahrnahm, so erschienen sie mir nach Tagen inmitten blühender, duftender Wiesen, als ob ich in eine Giftküche geraten wäre. Die Wegabschnitte an Fernstraßen entlang mit vorbeirasenden Lastern wurden zur Qual. Welche Wohltat, danach wieder in kaum besiedelte Landschaften eintreten zu dürfen.

Die Sinne zu wecken macht empfindsam auch für die belastenden Begleiterscheinungen unserer Kultur. Es unterstreicht umso mehr die Frage nach dem Sinn und Zweck vieler ihrer Auswüchse. Doch sowohl deprimierende als auch beglückende Erlebnisse schärfen zunehmend das Bewusstsein, wie wunderbar Leben sein kann.[2] Der Jakobsweg bietet dieses große Geschenk an in einem weit gespannten Spektrum an Erfahrungsmöglichkeiten.

Über einen längeren Zeitraum einen Weg in wunderbarer Natur und dabei in großer, äußerer Einfachheit zu gehen, sich dem Weg innerlich und äußerlich wirklich auszusetzen, scheint auf die elementaren Kräfte des Lebens zurückzuverweisen und auf das, was wirklich wesentlich ist. Es stellen sich die Fragen nach Sein, Sinn und Tod bzw. nach dem, was darüber hinausweist und was ich

»das ganz Andere« nennen möchte. Bei Laotse heißt es: »Rückkehr zu den Wurzeln ist Stille.« Die Erfahrungen der Stille unterwegs enthalten den Raum, um in diese existenzielle Dimension einzutreten. Vielleicht geht es sogar mehr um die »Stille hinter der Stille« oder »den Klang der Stille« ...

Zum anderen: Es kommt mir so vor, als ob es zu den Merkmalen des Jakobsweges gehörte, Polaritäten zu verbinden: Banales und Besonderes können unmittelbar neben- oder hintereinander liegen. Da gibt es zuerst einmal die weit vorauseilende Sehnsucht nach einer imaginären Erfahrung, der die konkrete und realitätsbezogene Planung folgen muss. Danach geht es um sehr leibhafte und irdische Anstrengungen, um Schweiß und Schmerzen, aber daneben genauso um ein tiefes Gefühl von Freiheit, Entdeckerfreude und purer Lebens- und Wanderlust. Sprechen wechselt sich ab mit langen Stunden des Schweigens. Eine oft intensive und tiefe Gemeinschaft mit anderen Pilgern aus den verschiedensten Ländern und mit den unterschiedlichsten »Beweg-Gründen« verbindet sich damit, intensiv mit mir selbst zusammen zu sein. Eingestreut zwischen die Erfahrungen von Grenzen, die mit dem alltäglichen Gehen und Gehen und Gehen verbunden sind, blitzen immer wieder die besonderen Augenblicke wie Perlen durch: Aus dem Gehen wird Innehalten, Lauschen, Stehen und Stille. Irgendwann entstand in mir ein Bild, dass ich mich wie ausgestreckt zwischen Himmel und Erde fühle: die Füße fest auf dem Boden und durch die tägliche Anstrengung gut mit meinem Körper verbunden und gleichzeitig mit der Seele in einer vogelfreien Leichtigkeit bis zum Himmel reichend; bewegt von beidem und immer wieder aufgerufen, diese Pole zu verbinden.

Oft fielen mir unterwegs die Worte des Mystikers *Meister Eckhart* (ca. 1260–1327) ein:

> Die Seele ist geschaffen an einem Ort zwischen Zeitlichkeit und Ewigkeit, in die beide sie hinein ragt. Mit ihren höchsten Kräften berührt sie die Ewigkeit, aber mit ihren untersten Kräften berührt sie die Zeitlichkeit. Seht, so wirkt sie in der Zeit nicht nach der Zeitlichkeit, sondern nach der Ewigkeit.[3]

Jetzt, beim Niederschreiben, erlebe ich diese weit gespannten Polaritäten allerdings wie ein Dilemma: Wie soll sich das, was beim Gehen als so dicht beieinander liegend erfahren werden kann, beim viel schnelleren und flüchtigeren Lesen noch verdeutlichen, und dann noch in der Alltagssprache einer Reiseschilderung? Wie kann es überhaupt diese Tiefe erreichen und über die Worte hinaus ausstrahlen? Wie lässt sich die Fülle und erst recht das »Mysterium des Augenblicks« vermitteln? Manchmal flogen mir Texte und Gedichte zu, die vielleicht etwas von diesem Fluidum andeuten, manchmal habe ich es selbst versucht. Doch ich vermag nicht zu sagen, ob und wie etwas bei denen anklingt, die den Weg noch nicht gegangen sind. Es mag sein, dass eigene, frühere Erlebnisse aus ähnlichen Situationen wieder lebendig werden können? Vielleicht leuchtet etwas aus einer Gedichtzeile von Rilke auf: »Die Dinge singen hör ich so gern ... «. Vielleicht gelingt es manches Mal, »zwischen den Zeilen« zu lesen, und es entsteht etwas von der schwer zu beschreibenden Sehnsucht, die auch mich auf den Weg brachte …

2. Jeder hat seinen eigenen Weg

Gemessen an den riesigen Pilgerscharen früherer Jahrhunderte sind uns nur relativ wenige historische Berichte von Pilgern erhalten geblieben.[4] Davon ist das aus dem 12. Jahrhundert stammende Liber Sancti Jacobi von Aymeric Picaud, auch Codex Calixtinus genannt, am bekanntesten geworden. Die Informationen über den Jakobsweg sind in der Regel mit persönlichen Einschätzungen und unvermeidlich mit Vorurteilen vermischt, mal mehr, mal weniger ausgeprägt.

In neuerer Zeit erscheinen zunehmend Veröffentlichungen über Weg-Erfahrungen. Trotzdem ist bei mancher äußeren Ähnlichkeit jeder Bericht unterschiedlich. Der Weg hat zwar allgemeine Merkmale, wie beispielsweise die Notwendigkeit, ihn nur durch eigene Anstrengungen zu bewältigen, Unwägbarkeiten des Wetters und der eigenen Grenzen auszuhalten, ein sehr einfaches Leben zu akzeptieren, sowohl äußere, aber genauso eigene innere, seelische Landschaften zu durchwandern und das Alleinsein mit sich selbst zu erfahren. Man könnte diese Merkmale mit Akkorden einer Grundmelodie vergleichen, die der eine vielleicht eher in Dur und die andere in Moll anschlägt. Welcher Takt, welche Ausführungen und Variationen sich daraus aber ergeben, das ist jeweils unterschiedlich. Der

Weg übt auf viele eine starke Faszination aus. Doch jeder hat seinen ganz eigenen Weg!

Der »Camino«, wie er in Spanien genannt wird, hat in den letzten Jahren einen unglaublichen Zulauf erfahren. Welche Bedürfnisse drücken sich heute darin aus? Humorvoll könnte man ihn auch eine »Ameisenstraße der Sucher« nennen. Doch was suchen all diese Menschen, die aus den unterschiedlichsten Ländern der Erde sich auf diesen Weg begeben? Geht es heute eher um Identität und Sinn? Um eine gewisse Gegenbewegung zu Determinanten unserer heutigen Kultur? Um Verlangsamung und Rückkehr zu dem, was wirklich wesentlich ist, statt zunehmender Beschleunigung und Komplexität des Lebens? Geht es um Sinnlichkeit statt Ent-Sinnlichung? Letztlich um »Sein« statt »Haben«?[5] Verweist dieser Zulauf auf ein kollektiv wachsendes Bedürfnis nach einer »Suchwanderung«, ein Motiv, das in allen Zeiten und Kulturen in Mythen und Märchen oder als spirituelle Suche vorkommt?

II. »Und hören nicht auf zu wandern, bis wir gewandelt sind«
(Marie Luise Kaschnitz)

1. Wie alles begann

Ist es diese prickelnde Frühe, die mich so stark an »den Weg« erinnert? An einem Sommermorgen kurz vor fünf Uhr inmitten von Gerstenfeldern auf den Sonnenaufgang zu warten? Dasselbe Gefühl von Übermüdung in den Gliedern nach einer viel zu kurzen Nacht, doch mit der Zuversicht, dass ich aus anderen Quellen Kraft schöpfen kann?

Ein leichter Wind treibt die grün-goldenen Halme in fließenden Wellen vor sich her. Dieser matte Glanz eines wogenden Ährenmeeres, wie sehr erinnert er mich an die Wanderungen durch Navarra und Rioja, durch Kastilien und die Meseta in Nordspanien. Der Horizont so weit schwingend, rosig vor duftendem Morgen, die Luft erfüllt von Lerchengesang ...

Wie finde ich Worte dafür, wie alles begann? War es eine Sehnsucht in mir, die sich ein Bild formte, ohne dass ich davon wusste? In eigenartiger Verknüpfung »fügte« es sich, dass ich 1985 in einem winzigen Flecken im Herzen der Bretagne einem Harfenbauer in seiner Werkstatt begegnete. Er arbeitete in einem uralten Haus, umrankt von Heckenrosen hinter einem verwilderten Garten. Als ich eintrat, war er über geschwungene Harfenteile gebeugt, durchlichtet von der untergehenden Sonne, die durch das kleine Fenster strahlte. Zu diesem Zeitpunkt wusste ich noch nicht, dass ich wenige Tage später eine seiner Harfen zu mir nehmen würde. Zum Abschied sagte er: »Damit du weißt, wo deine Harfe entstand: Dies winzige Haus hier in Brec'h war im Mittelalter eine Herberge auf dem Pilgerweg nach Santiago de Compostela. Dort siehst Du noch die kleine, romanische Kirche, vielleicht gehörte sie zu einem Kloster hier ... « Damals hörte ich zum ersten Mal von diesem Weg und spürte sofort, dass etwas in mir antwortete.

Der Klang der Harfe verstärkte eine innere Sehnsucht in mir, ohne dass ich sie damals genauer beschreiben konnte. Oft spielte ich auf ihr in der Dämmerung oder sogar in der Dunkelheit der Nacht. Ich nannte sie mein »Instrument des Übergangs«. Nach und nach fiel mir auf, dass Engel oft mit Harfen dargestellt werden. Weisen nicht auch sie auf den Übergang in eine andere Dimension hin? Und steht nicht auch der uralte Pilgerweg für ein Sehnen und Suchen der Menschen nach dem »ganz Anderen«, vom frühen Mittelalter bis heute? Galt nicht der überlieferte Traum Karls des Großen vom »Sternenweg« quer durch Europa bis nach Galicien schon vor der Entdeckung des angeblichen Jakobusgrabes im 9. Jahrhundert als Hinweis dafür, dass die zahlreichen Dolmen und Petroglyphen in der Nähe vielleicht auf einen noch viel älteren Initiationsweg hindeuteten?

Es sollte noch Jahre dauern, bis ich auf »den Weg« kam und endlich begann, mich konkret darauf vorzubereiten: Outdoor-Klamotten kaufen, einen passenden Rucksack,

Schlafsack und Bergschuhe. Die erste Lektion bezüglich Gewicht: Je leichter, desto teurer. Danach Probewandern.

Kurz vor meinem Aufbruch im April, zwei Stunden vor dem reservierten Flug nach Pamplona, rief meine über 80-jährige Mutter an: Gerade war Leukämie diagnostiziert worden, sie musste sofort ins Krankenhaus. Mit dem gepackten Rucksack und schon in Wanderschuhen fuhr ich zu ihr – und blieb die sechs Wochen, die ich mir für den Weg mühsam reserviert hatte. Ich begleitete sie beim Sterben und sie erlaubte mir diese wichtige Erfahrung als ersten »Pilgerweg«. Auch der Tod ist ein Übergang. Eine kleine Harfe erleichterte es mir, seine archaische Präsenz auszuhalten.

Im Jahr darauf wurde es dann endlich wahr: Ich konnte den Weg beginnen. Plötzlich schien sich alles wie von selbst zu fügen ... Hatte ich vorher nach Weggefährten gesucht und mich schließlich mit dem Gedanken abgefunden, ihn auch alleine zu gehen, so fand ich jetzt sogar regelrecht Freude daran. Da hatte mein Mann überraschend einige Zeit frei verfügbar. Er entschloss sich, als Übergangsritual in eine andere Lebensphase ebenfalls den Jakobsweg zu gehen. Ich fühlte mich hin- und hergerissen: Sollte ich ihn abweisen? Sollten wir ein paar Tage versetzt gehen? Aber Vorteile hätte es natürlich auch: Es ist schön, so etwas gemeinsam zu erleben! Nach so langen Jahren des gemeinsamen Weges in der Partnerschaft nun auch äußerlich einen Weg zusammen zu gehen! Sich später daran erinnern zu können! Mein Sicherheitsbedürfnis meldete sich ebenfalls: Wenn etwas auf dem Weg passiert, ist jemand da! Aber konnte es nicht auch Wichtiges verhindern, fragte ich mich gleichzeitig, zum Beispiel, sich wirklich dem Weg alleine und damit viel existenzieller aussetzen zu müssen?

Wir beschlossen, zumindest gemeinsam zum Ausgangspunkt zu fahren, mit diesen Fragen weiter umzugehen und die Lösung dann zu suchen, wenn sie gefordert war. Und so geschah es auch.

2. Hinreise

1. Tag

Paris, Freitag, den 25.5.

Ich sitze mit Tim an unsere Rucksäcke gelehnt am Quai der Seine in einem Streifen Grünanlage nahe einem Metro-Ausgang. Wir warten notgedrungen eine Weile ab, bis der Nachtzug Richtung Pyrenäen abfährt. In der Nähe tummeln sich einige Obdachlose mit verlottertem Krempel, die Weinflaschen neben sich. Ich schaue plötzlich anders hin. Auch Unbehauste – wenn auch viel extremer, als wir es jetzt sind!

Ich bin noch verwirrt vom Stress der Abreise, der langen Zugfahrt, dem Verkehrslärm um mich herum. Fühle mich auch etwas verunsichert, weil ich bis vor einer Woche noch mit einer schweren Sommergrippe zu kämpfen hatte. Wie werde ich den kommenden Strapazen gewachsen sein? Immerhin bin ich 54 Jahre alt und bisher nicht in längeren Wanderungen erfahren. Die ersten drei Tage sind am anstrengendsten, höre ich Anke und Klaus in mir sagen, die noch älter waren, als sie den Weg gingen. Doch nach und nach komme ich auch innerlich in Paris an. Diese

Stadt hat einfach ein Flair, das mich ergreift, auch wenn die Metro alle paar Minuten über die Seine rattert.

Die Packerei hätte mir fast den Rest gegeben. Da orientiere ich mich an maximal 11 Kilo, lege alles auf die Briefwaage, zerbreche mir den Kopf, welches T-Shirt geeigneter ist! Selbst den Griff der Zahnbürste habe ich abgesägt, um Gewicht zu sparen. In die Reiseapotheke nur jeweils ein paar Tabletten von diesem und jenem. Schließlich: Kann ich mir nicht wenigstens 300 Gramm »Weiblichkeit« leisten, eine leichte Seidenbluse, die ein bisschen hübsch ist, statt bei allem nur das Funktionale zu berücksichtigen? Immer wieder dieses innere Verhandeln!

Trotz aller Disziplin komme ich auf 12 Kilo! Dabei habe ich das Gefühl, jetzt aber auch gar nichts mehr weglassen zu können. Als ich es dann im Rucksack verstaut wiege, sind es 14,5 Kilo. Wie das? – Ich habe vergessen, das Gewicht des Rucksacks mit einzubeziehen! Und die Kamera ist auch noch nicht dabei. Und auch nicht der Proviant und die Wasserflasche. Ein kurzer Gang mit Gepäck macht klar: Es ist unmöglich. Ich kann es nicht »er-tragen«. Es müssen mindestens 3 Kilo geopfert werden. Doch ich brauche doch alles, für Kälte, Regen, zum Wechseln. Es darf einfach nicht tagelang regnen. Und nichts mehr mit »300 Gramm Weiblichkeit«, dafür ein Kompromiss: Die Seidenbluse wird zum Schlafanzugoberteil. Auch bei Tim dient die »Ausgeh-Uniform« gleichzeitig zum Schlafen. Pilgermode!

Ja, Sorge drückt sich in Gewicht aus und lastet, nicht nur auf der Seele. Das ist eine weitere Lektion auf diesem Weg. Wie schön, dass Mechthild extra kam und uns verabschiedete. Ihre Herzlichkeit war mir so wichtig. Eine Art Reisesegen.

2. Tag (frühmorgens)

Pau, Samstag, den 25.5.

Ich habe sogar ein paar Stunden im Liegewagen geschlafen. Hier ist alles verregnet und grau in grau. Von den Pyrenäen ist bisher nichts zu sehen, schade! Mit der altmodischen Zahnradbahn fahren wir hoch zum alten Stadtkern. Der Bäcker hat schon auf und die Croissants sind köstlich. Doch fast hätten wir den Zug nach Oloron-Ste.-Marie verpasst.

3. Von Bergflüssen, wilden Blumen und Nachtigallen

Von Oloron-Ste.-Marie, Südfrankreich, durch die Pyrenäen über den Somportpass nach Jaca, Spanien

2. Tag (später)

Oloron-Ste.-Marie – Sarrance (ca. 20 km), Samstag, den 25.5.

Als wir gegen acht Uhr in *Oloron-Ste.-Marie* ankommen, wirkt alles noch neblig-trüb. Vorhin ist ein anderer Rucksackträger in den Bus zum ungefähr 65 Kilometer entfernten Somportpass gestiegen, wie es meistens empfohlen wird. Vielleicht auch ein Pilger. Eine freundliche Postbotin zeigt uns das erste französische Wegzeichen: rot-weiße Querbalken. Wir gehen über die alte Brücke zum Touristenbüro, wo wir die Rucksäcke lassen können, dann zum Nonnenkloster, um uns den Stempel des Ausgangspunktes für unseren Pilgerausweis zu holen. Daneben dann der erste ruhige Ort nach der Hektik der letzten Zeit, die romanische Kirche Ste. Croix.

Als ich eintrete, sehe ich fast gar nichts – doch ich höre leise gregorianische Gesänge im Hintergrund vom Band und die tun mir einfach wohl. Nach und nach wird mir klar: Nach all dem Stress, der Außenorientiertheit und Aufregung vor der Abreise brauche ich jetzt erst einmal ein wenig Zeit für mich alleine, um mich zu sammeln. So sitze ich lauschend und mit geschlossenen Augen in der Kirche im zarten Duft von Kerzen und einem Hauch von Weihrauch und lasse mich tragen von den gleichförmigen Gesängen der Mönche ... fast eine Meditation in die Zeitlosigkeit. Lange verweile ich.

Als ich irgendwann aufblicke, sehe ich zu meiner Überraschung in dem dämmrigen Raum all das, was ich anfangs nicht wahrnehmen konnte! Klar, die Augen haben sich adaptiert. Jetzt erkenne ich mit Staunen in der Vierung, dem Schnittpunkt von Längs- und Querschiff, von jeder Ecke paarig ausgehend ein maurisch wirkendes Bandmotiv, das aus den Schnittpunkten einen kunstvollen, achteckigen Stern in der Mitte der Kuppel bildet. Auch ist wohl eine Zahlensymbolik darin enthalten, wenn aus der *Vier* (dem Irdischen) die *Zwei* (die Dualität) zur *Drei* führt (einer neuen Einheit nach der Entzweiung) und sich die *Acht* (als Doppel-Vierheit: die Polarität im Wesen allen Irdischen) wieder im umfassenden *Einen* (der in sich ruhenden Einheit) der kreisförmigen Kuppel vereint.

Durch mein stilles Verweilen in diesem Kirchenraum wird mir etwas deutlich: Vielleicht wird es auf dem Weg wichtig sein, weniger zu »machen« als immer wieder zu »lassen« und innezuhalten, um auch innerlich »nachzukommen«, innerlich »schauen« zu lernen. Eine Geschichte fällt mir ein, die *Karlfried Graf Dürckheim* oft erzählte: Da ging es um den übereifrigen Adepten, der – bildlich gesprochen – mit aller Kraft und zunehmender Ungeduld an der Tür zur »anderen Dimension« rüttelt – und schließlich aufgibt, zurücksinkt. Da merkt er: Die Tür geht nicht in der Richtung des Vorwärtsstürmens, sondern des Zurücktretens auf! – Den Pilgerweg nach Santiago de Compostela kann ich versuchen zu gehen. Aber ich kann es nicht »machen«, dass darauf Wichtiges mit mir geschieht. Ich kann mich höchstens dafür bereit halten.

Als ich aus der Kirche trete, entsteht in mir die Frage: Wie kann ich von einem Ort aufbrechen, ohne vorher in ihm angekommen zu sein? So bummeln wir über den nahen Friedhof, wandern zur Kathedrale Ste. Marie und bewundern dort die bewegten Figuren des romanischen Portals, verbringen noch ein paar Stunden in Oloron. Erst dann beschließen wir, doch noch aufzubrechen. Mittlerweile hat sich der Nebel verzogen, die Sonne steht hoch am Himmel und es ist heiß geworden. Auf dem Weg aus der Stadt wollen wir noch etwas einkaufen, essen und unser Wasser auffüllen. Weit gefehlt, nach ein paar steilen Straßen immer entlang dem rot-weißen Zeichen ist die Stadt bald zu Ende. An den letzten Häusern bitten wir schließlich eine Frau im Garten um etwas Wasser, das sie uns gerne bringt. Ihre Augen leuchten, als sie uns eine gute »pèlerinage« wünscht. Was kommt da so zum Strahlen?

Mit wenig Nachtschlaf erst mittags aufzubrechen hat seine Tücken, zumal wenn jetzt der Weg weiter ansteigt. Jedes Stück Wald ist eine Wohltat, doch häufig geht es über Weiden und wir verlaufen uns ab und zu. Offenbar sollten wir in Zukunft Zeit dafür einkalkulieren.

Je müder ich werde, umso schwerer scheint der Rucksack zu wiegen. Wieder über Pferdeweiden. Wo ist jeweils der Ausgang? Wir irren etwas umher. Dann führt der Weg steil herunter, offenbar war hier vorher noch ein Bachbett. Wieder eine kurze Rast. Wo werden wir übernachten, wenn jetzt die Kräfte knapp werden? Schon jetzt spüre ich deutlich meine Grenzen!

Später in Sarrance (in einem alten, leeren Kloster, das als Pilgerherberge dient)

Hier sind wir vorhin angekommen und ich habe mich dabei in Grund und Boden geschämt. Schon am ersten Tag haben wir ein Tabu verletzt: Wir sind schließlich die letzten paar Kilometer getrampt und der nette Mensch hat uns bis direkt vors Kloster gefahren. War mir wirklich peinlich! Doch als wir am Spätnachmittag mühsam zur Straße entlang des Aspe-Tals vorgestoßen waren, hatten wir nur die Wahl, entweder in ein Hotel zu gehen – und dann würde die Etappe des nächsten Tages übermäßig lang – oder zu trampen. Immer wieder blätterten wir in der spärlichen und nicht sehr genauen englischen Wegbeschreibung, der einzigen, die wir für diese Strecke gefunden haben.

Na ja, der alte Prämonstratenser-Laienbruder sah wohl unsere Erschöpfung und ist diskret darüber hinweggegangen. Vielleicht hat er sich gefreut, dass überhaupt Pilger kamen, wir sind nämlich die einzigen. Er zeigt uns in einem kurzen Rundgang noch Kirche und Kloster, doch ich bin froh, erst mal die verschwitzten Klamotten und schweren Bergschuhe loszuwerden. Als ich den Rucksack abnehme, habe ich das Gefühl, zehn Zentimeter zu wachsen! Unser Zimmer zeugt vom »Luxus« früherer Zeiten: Es hat einen alten Kamin und ein steinernes Wasserbecken. Jetzt sitzen wir im einzigen kleinen Dorfgasthaus bei dunklem Bier und deftiger Kost.

3. Tag

Sarrance – Borce (mind. 20 km), Montag, den 27.5.

Gestern (Sonntag) am Spätnachmittag in *Borce* angekommen, total erschöpft. Und wieder das Tramp-Tabu gebrochen, wenn auch nur wenige Kilometer. Doch der Reihe nach:

Nachts in Sarrance wurde ich durch irgendetwas aus tiefem Schlaf gerissen. Tim schnarcht, dass es im leeren Raum nur so hallt. Ich kann nicht mehr einschlafen und wecke ihn schließlich um 5.20 Uhr früh. Trotzdem kommen wir erst um sieben los, es dauert halt, bis wir uns aus letzten Proviantresten in der alten Klosterküche ein Frühstück zubereitet, alles wieder gesäubert und gepackt haben. Das muss in Zukunft schneller gehen.

Zwar hat uns Monsieur l'Abbé geraten, die Straße zu nehmen, der Weg sei gefährlich, besonders bei Nässe.

Doch als wir aus dem Kloster treten, sind wir wie verzaubert vom frühen Morgen – die Luft: prickelnd frisch, duftend nach Frühling, erfüllt von Gezwitscher. Gebirgsbäche rauschen über mächtige Felsbrocken, alles blüht wie in einem Steingarten, was uns beim Vorbeifahren gestern in unserer Erschöpfung gar nicht so aufgefallen ist. Wir können uns einfach nicht vorstellen, auf dem schmalen Randstreifen im Lärm vorbeifahrender Autos zu wandern. Außerdem merken wir, dass der Weg anscheinend eine Art Sogwirkung hat: Als wir das Wanderzeichen an einem Pfad entdecken, gibt es kein Halten mehr.

Er führt in dem noch schattigen, vom Frühnebel leicht verhangenen Tal über eine alte Brücke in die Buchsbaumwälder am Ufer der Aspe, die sich hier bereits zu einem Gebirgsflüsschen verjüngt hat. Wilde Löwenmäulchen wuchern aus den Ritzen zwischen den Steinen, am Hang blühen blaue Akeleien. Weißgefleckt von Margeriten ruhen die Wiesen gegenüber. Offenbar nutzen auch Ziegenherden den Camino. Immer schmaler schlängelt sich der Pfad am steiler werdenden Ufer entlang. Ja, bei Regen könnte ein Ausrutschen gefährlich werden. Doch dringt allmählich die Sonne ins Tal vor und wir sind hingerissen von diesem wilden Blühen überall.

Als zwei Wegvarianten auftauchen, ergibt es sich, dass jeder von uns eine andere wählt. So gehe ich zum ersten Mal alleine auf einem kleinen Bergpfad und spüre bald den Unterschied: Ich fühle mich achtsamer, offener für die Natur und für mich selbst. Es geschieht häufiger, dass ich stehen bleibe, mir Zeit nehme, um die wilden Blumen am Wegrand zu betrachten, den Nachtigallen zu lauschen, die

Landschaft auf mich wirken zu lassen oder meinen Gedanken nachzuhängen. Macht der Weg eine Kurve und gibt einen neuen Blick frei, so halte ich manchmal überrascht inne, als ob ich an der Schwelle zu einem ganz neuen »Naturraum« stünde. – Natürlich ist es auch schön, gemeinsam zu staunen und sich zu freuen. Doch ich habe mir schon am ersten Tag angewöhnt, vorauszulaufen, um den Blick nach vorne frei zu haben.

Ich erinnere mich an meine Kindheit: In meiner Familie war es sonntags nach dem Frühstück eine Art Ritual, einen langen Spaziergang oder eine Wanderung zu machen. Dabei lief auch mein Vater immer weit voraus und ich rannte zwischen ihm und den anderen hin und her. Einmal sagte er mir, dass er in Stille gehen wolle. So lernte ich allmählich, ihn schweigend zu begleiten. Ihm verdanke ich die Haltung, in der Natur in Stille und Achtsamkeit zu sein.

Warum fällt mir das jetzt ein? Richte ich mich, ohne dass ich es gemerkt habe, zu stark nach Tim aus, so dass es mir gar nicht bewusst wird, vielleicht stehen bleiben, etwas betrachten oder einfach lauschen zu wollen? Ich genieße jedenfalls meine Freiheit.

Nach erst viereinhalb Stunden komme ich müde in *Accous* an. Dort sei eine Fête des Chevaux, eine Segnung der Pferde, so hatten wir gehört. Die festliche Messe ist vorbei, schmucke Reiter in roten Jacken sind aber noch auf dem Kirchplatz versammelt, Tim ist längst da. Bald danach strömen alle zur Festwiese, wo es bereits köstlich duftet. Wir laben uns an Quiche und Salat und sinken an einem stilleren Plätzchen am Bachufer in einen tiefen Mittagsschlaf.

Danach traue ich mir auch die letzten sechs Kilometer noch zu, auch wenn es weiter bergan geht. Anfangs noch durch Weiden und Waldstücke, doch dann unvermeidlich auf der Route Nationale. Als wir da ziemlich entnervt vorwärts stapfen, kommt uns zu unserer Überraschung ein Trupp junger Leute entgegen, einer spielt Klarinette, ein anderer haut auf die Pauke, die vor seinem Bauch hängt, eine Frau jongliert mit drei Bällen ...

Hinter ein paar Kurven verstehen wir auch, woher sie kommen: Die alte, überwachsene Schienentrasse, die sich durchs Tal bergauf zieht und der wir zuletzt immer wieder begegnet sind, führt zu einem bunt besprühten, kleinen Bahnhofsgebäude. Es wird seit Jahrzehnten offenbar nicht mehr benutzt und dient jetzt als Treffpunkt für eine alternative Szene: *Cette-Eygun-Lescaux*. Noch herumstehende, bemalte Waggons sind teilweise bewohnt, viele Zelte auf dem verwilderten Gelände errichtet. Jede Menge netter Schrott: verwitterte Gartenpavillons, Kirmesteile, alte Autos. Auch ein großes Militärzelt mit Bänken, in dem wohl Versammlungen abgehalten werden. Auf einem Tisch liegen Flugblätter gegen Atomkraftwerke, Aufrufe von Hausbesetzern etc. Wir fragen, ob wir etwas zu trinken haben können. – Ja, Preis nach freiwilliger Einschätzung. An der erstaunten Reaktion wird mir so richtig spürbar, wie uralt ich wohl in deren Augen erscheine, erst recht als Wanderer oder gar Pilger. Das schmerzt mich irgendwie.

Der Weg ist weiterhin zu wenig ausgeschildert, doch bisher haben wir ihn gefunden. Diesmal steht am Abzweig von der Straße sogar eine Marmorstele mit der Jakobsmuschel, doch 500 Meter dahinter finden wir einfach keine Zeichen mehr. Daraufhin verlaufen wir uns gleich zweimal: Wir steigen einen steilen Hang hoch, aber der Pfad endet an einem Tor aus einem alten, verrosteten Bettgestell, dahinter eine improvisierte Hütte. Wieder unten kommen wir nur durch eine hüfthoch gewachsene Wiese weiter. Danach finden wir zwar einen kleinen Pfad, der sich dann aber ebenfalls als ungangbar erweist: Zunehmend sind Bäume darübergestürzt, unter denen wir durchkriechen müssen, ohne Ausweichmöglichkeit zwischen steiler Felswand und abschüssigem Hang zur tief unten rauschenden Aspe. Irgendwann kommen wir nicht mehr mit den Rucksäcken durch. Wir lassen sie liegen, kriechen noch ein Stück weiter, um zu erkunden, ob es danach besser wird. Nein, wir müssen umkehren. Irgendein Sturm hat offenbar vor kurzem all diese Bäume entwurzelt und bisher scheint sich niemand darum gekümmert zu haben.

So kriechen wir auf allen Vieren wieder zurück und finden nach einiger Zeit die gesperrte, schmale Brücke wieder, die auf die andere Flussseite zur Straße führt. Und danach beschließen wir, wenn auch mit schlechtem Gewissen: Wir trampen bis Borce. Zu unserer Entschuldigung: Es ist später Nachmittag und wir müssen im Gemeindebüro noch Eliane treffen, bei der der Schlüssel zur Pilgerherberge abzuholen ist. Dies entnehmen wir zumindest dem knappen englischen Text, der uns als Führer dient.

Umso herzlicher ist dann der Empfang durch Eliane in Borce, einem winzigen Bergdorf zwischen den mittlerweile steilen Pyrenäenhängen, hinter denen beschneite Gipfel sichtbar werden. Mit großer Freundlichkeit instruiert sie uns und händigt uns den alten Schlüssel aus. Wieder sind wir die einzigen Pilger. Wir schließen fast ehrfurchtsvoll dieses echte, noch aus dem Mittelalter stammende, kleine Pilgerhospiz auf. Wie bescheiden und eng beieinander damals die Menschen gelebt haben! Staunend gehen wir durch den winzigen, mitten in Renovierung begriffenen Kirchenraum und kommen zum schon ausgebauten, uralten Herbergshaus. Erfreut finden wir in der Küche im Kühlschrank eine große Portion Spaghetti vor mit einem Zettel unserer Vorgänger, dass wir uns bedienen sollen, und dem Datum von vorgestern. Auch Milch gibt es noch etwas, zwei Zwiebeln und Mayonnaise, fast reicht es für unsere Abendmahlzeit. Einen Laden gibt es nicht in diesem Dorf, doch Eliane hat uns verraten, dass der Besitzer der Bar für Pilger ein paar Lebensmittel im Regal stehen hat.

Dies ist die erste von vielen noch folgenden Erfahrungen des Gebens und Nehmens in den Herbergen. Wir verbrauchen, was andere übrig gelassen haben, und schenken unsererseits den Nachfolgenden, was von unseren Mahlzeiten bleibt und am nächsten Tag nicht mitgenommen werden kann. Meist finden wir zumindest etwas Öl, auch Salz, oft auch ein paar trockene Kräuter, und wenn nicht, dann sind wir mal dran, dies zu spendieren.

Matt und todmüde fallen wir ins Bett und schlafen tief. Wir haben gestern beschlossen, erst heute Nachmittag weiterzuwandern und auch nur die fünf Kilometer bis Urdos, sonst wird die Etappe über den Somportpass zu lang. So sitze ich jetzt in der Sonne an diesem blitzblanken Morgen hoch in den Bergen, an die Mauer des historischen Pilgerhospizes gelehnt und versuche, mir noch einmal die Geschichte dieses jahrhundertealten Jakobsweges zu vergegenwärtigen, auf dessen Spuren wir seit zwei Tagen wandern.[6]

Es ist überliefert, dass im ersten Drittel des 9. Jahrhunderts dem Einsiedler Pelagius im heutigen Galicien, ganz im Westen Spaniens, nachts himmlische Klänge und geheimnisvolle Lichterscheinungen über einem bestimmten Ort auffielen (lat. campus stellae: Sternenfeld). Der herbeigerufene Bischof Theodemir von Iria Flavia (gestorben 847) ließ das Gelände unter Fasten und Beten untersuchen und man entdeckte eine alte Gräberstätte (lat. compostum), auf der man angeblich Grab und Reliquie eines Jüngers Jesu, nämlich Jakobus des Älteren, fand (Santo Iacobo wird zusammengezogen zu »Santiago«). Beide lateinischen Ausdrücke, »campus stellae« und »compostum«, bilden den Hintergrund für den Namen der an diesem Ort begründeten Kirche und späteren Stadt zu Ehren des hl. Jakobus, Santiago de Compostela.

Es gibt keine Fakten, aber einen bunten Kranz von Legenden, die die Vorgeschichten der Reliquie erzählen: Von der erfolglosen Mission des Jakobus in Spanien; seiner Enthauptung um 40 n. Chr. in Jerusalem; von der geheimnisvollen Überführung des Leichnams durch zwei seiner Jünger bis hin nach Galicien; von der Rettung des Bootes aus Meer und Klippen sowie der (Jakobs-)Muschel als Wahrzeichen dafür und nicht zuletzt von den Wundern, bis der Leichnam sein Grab fand, das ungefähr 800 Jahre später (und mittlerweile vergessen) durch Lichterscheinungen wieder entdeckt wurde.

Nachdem die Mauren um 711 den Süden Spaniens besetzt hatten und in den folgenden Jahrzehnten immer weiter in den Norden vordrangen, schien die Nachricht von der Entdeckung des angeblichen Apostelgrabes für die beginnende Rückeroberung durch die Spanier (Reconquista) äußerst günstig gewesen zu sein. Der damals extrem ausgeprägte Reliquienglaube mobilisierte starke religiöse und politische Energien und lenkte, sobald der Norden Spaniens ab dem 11./12. Jahrhundert einigermaßen vor den Mauren sicher schien, riesige Pilgerströme dorthin.

Woher stammt das Wort *Pilger*? Etymologisch lässt sich Pilger (lat. peregrinus) ableiten vom lateinischen »per agros«, also der, der über die Äcker oder Felder geht, und das war einer, der unterwegs war, ein Fremder für die dort Ansässigen.[7]

Es gibt Hinweise dafür, dass im 12. Jahrhundert etwa 40 Prozent der Christenheit einmal im Leben eine Wallfahrt unternahm (im Islam ist die Reise nach Mekka sogar vorgeschrieben). Dabei schützte eine von der Heimatgemeinde oder vom Bischof ausgestellte Urkunde den Pilger, unterschied ihn von Wegelagerern und stattete ihn mit bestimmten Rechten aus, z. B. dass er in Hospizen und Klöstern freie Übernachtung und teilweise auch Verköstigung fand und (theoretisch) nicht abgewiesen oder angegriffen werden durfte.

Pilgerwege führten durch ganz Europa: In Deutschland waren es die »Niederstraß« (über Köln, Brüssel, Amiens nach Paris) und »Oberstraß« (Ulm, Einsiedeln, Genf, Valence). In Frankreich gab es vier Routen, die von Paris, Vezelay, Le Puy bzw. Arles/Toulouse ausgingen (diese ist unsere, die über den Somportpass führt). Sie vereinigen sich in Puente la Reina in Spanien zum sogenannten Französischen Weg, der durch Nordspanien führt.

Zeitweise war die Wallfahrt nach Santiago de Compostela sogar populärer als die nach Rom oder Jerusalem! Ab dem 15. Jahrhundert nahm die Pilgerbewegung jedoch langsam wieder ab. Verschiedene Faktoren mögen dafür ausschlaggebend gewesen sein: Zweifel an der Echtheit der Reliquie (der Frage nach dem »wahren Jakob«) nahmen zu. Dazu kamen kriminelle Auswüchse auf den Wegen (im Zusammenhang mit dem Hundertjährigen Krieg zwischen England und Frankreich); ferner das Elend der Pest, die in ganz Europa wütete; die beginnende Reformation in Deutschland und der Schweiz, die den Ablasshandel der katholischen Kirche kritisierte und verspottete; ferner der Dreißigjährige Krieg und nicht zuletzt der politische Niedergang Spaniens zur Zeit der Französischen Revolution und die Auflösung vieler Klöster und Hospize im 18. Jahrhundert. Außerdem wurde die kostbare Reliquie in Santiago, nachdem sie 1589 aus Angst vor den Piratenzügen des Francis Drake versteckt worden war, nicht mehr aufgefunden und erst 1879 wiederentdeckt.

Leider hat auch General Franco den Jakobus-Kult ab 1937 neu belebt. Theologen, Historiker und Kunstgeschichtler betonten nach dem Zweiten Weltkrieg wieder die große Wichtigkeit dieser Wallfahrt für die Herausbildung Europas. Einige Privatleute wie zum Beispiel der Pfarrer von O Cebreiro begannen nach und nach damit, Dokumente zu sammeln, um den historischen Jakobsweg zu rekonstruieren und auch die Wege auszuschildern. Die alte Faszination dieses Pilgerweges begann von neuem wirksam zu werden. Es bildeten sich Jakobsgesellschaften in den meisten europäischen Ländern, die die Pflege von Wegstücken und Betreuung von Pilgern übernahmen. Die UNESCO ernannte den Jakobsweg schließlich zum Kulturerbe Europas.

Immer noch lehne ich an der Mauer des alten Pilgerhospizes. Scharen von Pilgern dürften wie wir hier vorbeigezogen sein, meist im wollenen Umhang, der sogenannten Pelerine (von frz. pèlerin = Pilger), einem breitkrempigen Hut, Stock mit Kalebasse und einem Bündel über der Schulter. Die Jakobsmuschel war nicht nur das Wahrzeichen einer zu Ende geführten Pilgerschaft, sondern diente auch ganz prosaisch als Schöpflöffel für unterwegs.

Auf dem Rundgang durchs Dorf hat uns vorhin eine alte Frau in einem rosenumrankten Häuschen nach dem Ziel unseres Pilgerns gefragt. Als sie hörte, dass wir bis nach Santiago de Compostela gehen wollten, lud sie uns zu einem kleinen Kaffee in ihre Küche ein und trug uns beim Abschied auf, dort für sie zu beten, genauso Eliane. Das mutete mich anfangs seltsam an. Vielleicht muss ich mir im Laufe der Reise dann noch eine Liste anlegen.

4. Tag

Borce – Urdos (ca. 5 km), Montag, den 28.5.

Die Sonne brannte so heiß, dass wir erst gegen 17 Uhr auf-
brachen, um notgedrungen die sechs Kilometer über die
Route Nationale zu laufen. Das Tal verengt sich bald zu der
Gorge d'Aspe, dominiert von einer massiven Festung, die
– gesichert seitlich von Steilwänden und vorne vom Fluss –
den Zugang zum Pass beherrscht. Die frühere Eisenbahn-
linie verschwindet immer wieder in Tunnels, verläuft über
Brücken, alles wirkt noch intakt, doch dann lesen wir, dass
sie seit rund 80 Jahren nicht mehr genutzt wird.

Wieder sind wir die einzigen Pilger auf dem Campingplatz, der mangels Herberge Übernachtungen in einem
Holzhaus anbietet. Wieder finden wir in der Küche Spaghetti vor. Dann noch hoch zum Dorf für den Einkauf –
aber alles ist geschlossen heute! Schließlich finden wir
doch einen winzigen Laden für das Nötigste an Proviant.

In unserer englischen Wegschilderung wird davor gewarnt, den Camino auf Waldwegen über den Pass zu nehmen und eher die Straße empfohlen. Aber die Kostprobe
heute Nachmittag reicht uns eigentlich. Andererseits: Wir
haben noch nicht einmal eine Landkarte. Und wenn der
Weg wieder so schlecht ausgeschildert ist wie schon gestern? Wir suchen wenigstens noch das erste Wanderzeichen, um morgen schneller aufbrechen zu können. Ich
zeichne mir provisorisch später eine Landkarte ab. Es be-
drückt mich, dass die Tour morgen so unklar und zudem
noch »vielleicht die anstrengendste insgesamt« ist, wie es
in unserem Text heißt.

In dem stickigen Schlafraum nehmen wir von den Hochbetten die Matratzen und legen sie an die Eingangstür, damit es kühler ist. Vor Dieben darf man hier keine Angst haben, alles ist zugänglich und offen. Der Fluss rauscht, in der Ferne höre ich Nachtigallen singen, ein kühler Hauch umweht uns – wunderbar zum Schlafen.

5. Tag

Urdos – Canfranc-Estación (ca. 23 km), Dienstag, den 29.5.

Total gerädert! Mitten in der Nacht bin ich von lautem Knallen aufgewacht. Verwirrt lausche ich. Gerade wenn ich wieder am Einschlafen bin, knallt es erneut über mir und das immer wieder. Nach und nach komme ich dahinter, dass es wohl die Balken sein müssen, die sich langsam abkühlen. Ich habe nicht geahnt, dass das so geräuschvoll verläuft und mich leider den Rest der Nacht wach hält.

Obwohl wir um 5.30 Uhr aufstehen, kommen wir erst gegen 6.30 Uhr los. Offenbar dauert es einfach, bis alles gepackt und ein Frühstück improvisiert ist. Dann überqueren wir den Fluss. Der Weg führt anfangs sehr steil am Hang empor und folgt danach weiter dem Ufer der Aspe durch Buchsbaumhecken. Schließlich geht es über Weiden, immer wieder müssen wir die Zäune überklettern, das ist mühsam! Einmal verläuft der Weg durch hüfthohe Brennnessel, ohne jede Spur von irgendeinem Vorgänger. Oft müssen wir uns trennen und auf den ersten 200 Metern alleine suchen, ob wir das rot-weiße Zeichen finden. Das hält einfach auf und wir haben heute auf den ersten 16 Kilometern 1000 Höhenmeter zu bewältigen! Glücklicherweise werden wir dann die letzten sieben

Kilometer überwiegend absteigen, doch auch das wird anstrengend.

Als wir irgendwann die Straße kreuzen, gehen wir wieder getrennt weiter. Tim wagt den Camino, ich wähle den Randstreifen des Asphalts. Meine Strecke ist ein paar Kilometer länger, aber leichter zu gehen. Glücklicherweise gibt es bisher wenig Verkehr. Zunehmend entsteht eine wunderbar freie Aussicht auf die jetzt nahen Schneeberge! Mein Blick kann allmählich weit über die Gipfel schweifen. Immer wieder bleibe ich stehen, kann mich nicht satt sehen. Auf den seitlichen Wiesenstreifen und Hängen wachsen Knabenkraut und eine Veilchenart, Akelei, Margeriten. Ich bin wie berauscht und das gibt mir immer wieder Kraft bei dem schier endlos erscheinenden Anstieg.

Schließlich treffen wir nach Stunden kurz vor dem Pass fast gleichzeitig aufeinander, jetzt doch ziemlich ausgepumpt. Ich gehe das letzte Stück auf dem Camino mit. Immer noch steigt der Weg durch Wiesen weiter steil an – da merke ich zunehmend: Ich kann einfach nicht mehr! Hier ist meine absolute Grenze! Mit all dem Gepäck über vier Stunden lang nur aufwärts, ich bin einfach fertig. Meine Schultern und Knie schmerzen, ich brauche die Pause *jetzt* und nicht erst am Pass. Doch überall schwirren Pferdebremsen, auch verhüllt finden wir nicht richtig Ruhe.

Endlich auf dem 1640 Meter hohen Somport Pass angelangt, sehen wir einen Wegweiser: 857 Kilometer nach Santiago! Ich lese es mit gemischten Gefühlen, weiß ich doch jetzt um die Anstrengungen, die damit verbunden sein können. Aber ankommende Fahrradpilger scheint es eher froh zu stimmen: »In elf Tagen sind wir da!«, erzählen sie. Ich kann nur staunen, rechnen wir doch mit fast fünf Wochen. Dann steigen sie schon wieder in die Pedale und sausen die Passstraße hinab, während wir uns an den Abstieg machen, endlich entlang gut sichtbaren Schildern mit Muschelzeichen oder dick mit dem Pinsel aufgetragenen, gelben Pfeilen auf Steinen und Bäumen. Unseren neuen Outdoorführer, der an der spanischen Grenze beginnt, brauchen wir kaum.

Bald darauf stoßen wir auf die Grundmauern von *Santa Cristina*, des im Mittelalter drittwichtigsten Pilgerhospizes des Camino. Wie sehr kann ich jetzt nachfühlen, was es für die schlechter ausgerüsteten damaligen Pilger bedeutet haben mag, hier oben bei Wind und Kälte eine Unterkunft zu finden! Irgendwo habe ich gelesen, im 12. Jahrhundert seien aus ganz Europa jährlich (ich kann es kaum glauben!) um die 500 000 Pilger nach Santiago unterwegs gewesen. Dieser Pass ist nur während weniger Monate nicht beschneit – wie mögen sie sich damals einen Weg gebahnt haben! Kein Wunder, dass viele die niedrigere Pyrenäenüberquerung bei Saint-Jean-Pied-de-Port bevorzugt haben!

Absteigen ist jetzt angenehm, auch wenn es sehr auf die Knie geht! Als wir ein einsames Hochtal mit frühlingshaften Almen überqueren, sehen wir in der Ferne eine riesige Herde von Schafen, die abwärts laufend sich wie wallendes Wasser über den Hang zu »ergießen« scheint. Ein Hirt, den langen Stab in der Hand, begleitet sie mit seinen Hunden, ein Bild wie aus früheren Zeiten.

Mittlerweile ist es auch hier oben sehr heiß! Der Weg

führt teilweise am jungen Aragón entlang, der dieser Provinz den Namen gibt. Aber trotz des rauschenden Wassers können wir uns noch nicht zu einem Bad entschließen. Warum ziehen sich die Kilometer nur so am Nachmittag! Ich möchte allmählich nur noch ankommen! Da finden wir ein überlaufendes Wasserbecken auf einer Weide, entblättern uns und schreien fast auf: Das eiskalte Wasser schmerzt auf der erhitzten Haut, als ob tausend Nadeln stächen. Trotzdem gibt es uns Kraft für das letzte Stück. Erst gegen 17 Uhr kommen wir in *Canfranc-Estación* an und gehen in ein Hostal. Die Rast nicht eingerechnet waren wir heute fast neun Stunden unterwegs. Ich bin nur noch abgestumpft und müde. Vielleicht habe ich die Sommergrippe kurz vor der Abreise doch noch nicht richtig überwunden?

6. Tag

Canfranc-Estación – Ermita San Cristóbal (ca. 23 km),
Mittwoch, den 30.5.

Ich spüre den anstrengenden gestrigen Tag in allen Knochen! Heute habe ich nicht viel Kraft, obwohl wir bis um sieben geschlafen haben. In Canfranc-Estación bewundern wir noch den riesigen, neoklassizistischen Bahnhof, in dem die Bahnlinien von französischer und spanischer Seite zusammenliefen. Seit Jahrzehnten steht er offenbar leer und verlassen.

Den alten Ort Canfranc erreichen wir nach einer Stunde. Nachdem wir ihn durchquert haben, überschreiten wir bald darauf eine beeindruckende romanische Brücke, die in einem einzigen, kühnen Bogen den wasserreichen Bergfluss hoch überspannt. Überhaupt geht es heute viel am jungen Aragón entlang. Sein Rauschen belebt mich, trotzdem bin ich eher etwas stumpf und immer noch erschöpft. Wir wandern durch wunderbare, lichtgrüne Auenwälder, in denen wieder Nachtigallen singen. Manchmal entdecke ich schon Pinien. Eine neue Art der Flussüberquerung habe ich in einer Furt kennen gelernt: Trittsteine für gleich zwei unterschiedliche Wasserhöhen. Kein Problem, wenn man gut auf ihrer oberen oder tieferen Fläche balanciert …

Da wir voll in die Mittagshitze kommen, rasten wir drei Stunden in einem Pinienwäldchen an einer Acequia, einem Bewässerungskanal. Im schützenden Schatten denke ich darüber nach, dass sich der Camino auch als eine Art »*energetischer Spur*« bezeichnen ließe, entstanden durch die körperlichen, seelischen und geistigen Energien von Generationen von Pilgern und denen, die ihnen hilfreich waren. Heute hat sich diese Spur durch die große Popularität des Jakobsweges wie neu »aufgeladen«. Damals bestand die große Faszination in der Reliquienverehrung, und der von der Kirche zugesicherte Ablass der Sünden war ein weiterer Grund für die Menschenströme. Doch damals wie heute war der Weg auch ein Abenteuer! – Nicht nur mit sich selbst, hier wurde auch Welt erfahren, anderen Menschen und anderen Kulturen begegnet. In diesem Sinne wurde der Camino zu einem Schmelztiegel und dürfte bereits ab dem 11. Jahrhundert Einfluss auf das gehabt haben, was sich später als »europäische Identität« entwickeln sollte.

Ich frage mich immer noch, was heute so viele Menschen auf den Weg bringt. Haben wir das Nomadentum noch immer in den Genen? Oder geht es darum, der Beschleunigung unserer Zeit zu entkommen, der Hektik, dem Stress, dem Lärm, der dauernden Reizüberflutung, die es so schwer macht, sich selbst noch zu spüren? Geschieht es aus der Wahrnehmung einer inneren Selbstentfremdung heraus, eine solche Herausforderung anzunehmen, durch die ich mich besser kennen lernen kann? Oder ist es der Verlust von religiösem Glauben oder von »Sinn«, der Menschen zu einer eigenen, spirituellen Suche treibt? Der Wunsch nach Achtsamkeit und Stille? Geht es um Paradigmenwechsel und gesellschaftliche Krisen, die schon zu früheren Zeiten das Interesse an mystischen Erfahrungen entfachten, auf der Suche nach einer inneren Orientierung? Begeben sich Menschen aus ihrer Vereinzelung heraus auf die Suche nach Gemeinschaft und gemeinschaftlicher Identität (wie z. B. die der Pilger), in der trotzdem ein ganz eigener, individueller Entwicklungsraum enthalten sein darf? Oder sind es vielleicht auch unbewusste, kollektive Schuldgefühle z. B. wegen der ökologischen Verwüstung unseres Planeten und entsprechend der Versuch, wenigstens für sich selbst wieder zu einem einfachen und auf das Wesentliche reduzierten Leben zurückzukehren?

Wenn ich an meine eigene Motivation denke, dann war es diese ganz unbestimmte Sehnsucht, die in mir zu pochen anfing, eine dunkle Ahnung, als ob der Weg etwas Wichtiges für mich enthielte. Aus meinen bisherigen Lebenserfahrungen weiß ich, dass ich auf diese Reaktion in mir vertrauen darf. Diese eigentümliche Sehnsucht glaube ich auch in den Augen anderer zu sehen, die uns bisher halfen oder uns einen guten Weg wünschten.

Welche Synergie bewirkt, dass es immer wieder Menschen gibt, die die Pilgertradition mit ihrem Wissen, ihrer Fürsorge und ihrer Arbeit über all die Jahrhunderte hinweg aufrechterhalten haben und jetzt weiter aufrechterhalten? Die die Herbergen manchmal zum Selbstkostenpreis betreiben (obwohl andere auch gut daran verdienen), die die Wege wiederherstellen und markieren, Wegbeschreibungen durchführen oder sammeln? Ist es eine Sehnsucht nach Reinigung und Läuterung? Eine Sehnsucht, dass etwas in Bewegung kommen, sich in ihrem Leben verändern sollte? Eine größere Tiefe entstehen, sie mehr Sinn erfahren mögen? Ist es also die Sehnsucht nach Verwandlung, die so viele Energien mobilisiert?

Immer wieder denke ich über diese Sehnsucht nach, ohne sie fassen zu können. Ein Gedicht von *Rainer Maria Rilke* kommt mir in den Sinn:

Das ist die Sehnsucht: Wohnen im Gewoge
Und keine Heimat haben in der Zeit.
Und das sind Wünsche: Leise Dialoge
Täglicher Stunden mit der Ewigkeit.

Und das ist Leben: Bis aus einem Gestern
Die einsamste von allen Stunden steigt,
Die, anders lächelnd als die andern Schwestern,
Dem Ewigen entgegenschweigt.[8]

Als wir nach der Rast am Spätnachmittag wieder aufbrechen, ist die Hitze immer noch unerträglich. Ich komme mir vor wie in einem Toaster: oben von der Sonne und unten von der heiß zurückstrahlenden Erde geröstet. Wenigstens ist hier in Spanien der Weg klar ausgeschildert und offenbar begangen, während er in Frankreich irgendwie unbelebt wirkte. Aber es bewährt sich nicht, am Nachmittag zu laufen. Wir nehmen uns vor, noch früher aufzustehen, um dann mittags schon anzukommen. Dann ist die Erholungszeit auch länger. Bis mindestens 17 Uhr herrscht hier sowieso Siesta und die Dörfer liegen wie ausgestorben da.

Tagsüber fallen mir immer wieder Achtungschilder am Fluss auf, die darauf hinweisen, dass manchmal Stauseen abgelassen werden und der Wasserpegel plötzlich sehr anschwellen kann. Vor allem jetzt kommen sie mir wieder in den Sinn, wo wir am Ufer lagern und heute Nacht auch im Freien übernachten wollen. Werden sie vielleicht bevorzugt nachts abgelassen? Doch heute schaffen wir die letzten Kilometer nach Jaca nicht mehr und es ist hier draußen, im verwilderten Garten einer ehemaligen Einsiedelei – einer offenbar ziemlich luxuriösen –, einfach so verwunschen schön! Doch auch hier liegt das lange, weiche Gras am Ufer des Aragón flach, als ob es Hochwasser gegeben hätte. Hoffentlich werden wir nicht im Schlaf von einer großen Flutwelle überrascht ... Es macht mir Sorgen. Im Spanischen heißt das treffend preocupaciónes, Voraus-Beschäftigungen.

In den Bergen grollt es, als ob ein Gewitter nahen könnte. Nach Jahren schlafe ich wieder einmal improvisiert draußen und fühle mich doch sehr den Elementen ausgesetzt. Auch wenn es in den Bergen ein Unwetter gibt – so weit sind wir ja noch nicht entfernt –, könnte der Aragón plötzlich anschwellen …

Es ist fast dunkel und wir können sowieso keinen neuen Schlafplatz suchen, das Gelände steigt steil vom Flussufer an. Während Tim offenbar schon eingeschlafen ist, tun mir auf der dünnen Isomatte noch alle Knochen von der gestrigen Anstrengung weh. Und Mücken gibt es jede Menge! Ich wälze mich herum. Wie soll die Nacht bloß werden! Dabei ist es so angenehm mild.

Am anderen Flussufer beginnen wieder Nachtigallen zu singen … Lange liege ich wach und lausche. Nach und nach entspanne ich mich, genieße den leichten Wind, der durch das nächtliche Flusstal streicht. Der Mond tritt hinter den Wolken hervor, alles wirkt im weißlichen Licht wie verzaubert. Da fallen mir lang vergessene Strophen der »Mondnacht« von *Joseph von Eichendorff* (1788–1857) ein und nach einer Weile auch ihre wunderschöne Vertonung von Schumann:

Es war, als ob der Himmel
die Erde still geküsst,
dass sie im Blütenschimmer
von ihm nun träumen müsst.

Die Luft ging durch die Felder,
die Ähren wogten sacht,
es rauschten leis die Wälder,
so sternklar war die Nacht …

Das Gedicht geht noch weiter – aber wie? Meine Großmutter hat es oft rezitiert, als ich noch klein war. Sie saß
dabei kerzengerade auf der Stuhlkante, den Kopf hoch
erhoben und gekrönt von einem dicken, auch im Alter
noch dunklen Haarkranz. Die Brauen nach oben gezogen,
die großen Augenlider fast geschlossen, formulierte sie
bedeutsam und klar Zeile um Zeile in reinem Hoch-
deutsch, obwohl sie sonst doch Hessisch sprach. Viele
Gedichte und Balladen konnte sie auswendig und sie schie-
nen ihr wie Tore in eine ganz andere Innenwelt zu sein.
Wie lange hatte ich nicht mehr an sie gedacht! Uralt ist sie
geworden. Als sie starb, sah ich sie klein und eingefallen in
ihrem Sarg mit immer noch edlen Zügen und wie
geschmückt von ihrem starken, schönen Haar ... Jetzt
erinnere ich mich auch an die letzte Strophe:

Und meine Seele spannte
weit ihre Flügel aus,
flog durch die stillen Lande,
als flöge sie nach Haus.

7. Tag

Ermita San Cristóbal – Jaca (ca. 3 km), Donnerstag, den 31.5.
Intensive Stunden heute Nacht, es ging mir so viel durch
den Sinn ... Schade nur, morgens so gerädert aufstehen zu
müssen! Früh sind wir gestartet und vor acht betreten wir
die alte Stadt *Jaca*.

Schon um 200 v. Chr. hatten die Römer dieses fruchtbare Tal des Aragón und seiner Zuflüsse erobert und sich hier

angesiedelt. Später wurden sie von den Westgoten abgelöst und im 8. Jahrhundert von den Mauren, die ihrerseits aber nach einigen Jahrzehnten wieder vertrieben wurden. Da den Bürgern von Jaca durch König Sancho Ramirez (1063–94) viele Fueros (verbriefte Sonderrechte) eingeräumt worden waren, siedelten sich bald auch französische Zuwanderer dort an. Jaca war die erste größere, spanische Stadt auf der Via Tolosana, auf der die Pilger von Toulouse her wanderten.

Auch heute noch ist die riesige Zitadelle aus dem 16. Jahrhundert auf unserem Weg in die Stadt nicht zu übersehen. Sie prägt den ersten Eindruck vom Ort. Kurz darauf gelangen wir ins Zentrum und zur Kathedrale, die um 1040–63 erbaut wurde und damit als eine der ältesten romanischen Kirchen Spaniens gilt, auch wenn vom ursprünglichen Bau nur noch wenig erhalten blieb und ein Kreuzrippengewölbe im Mittelschiff im harten Kontrast zu den gedrungenen romanischen Formen steht.

Wir fragen uns zur Pilgerherberge durch, doch als wir ankommen, ist sie bereits seit 8 Uhr früh geschlossen und öffnet erst wieder gegen 15 Uhr. Niemand reagiert, als wir klingeln, klopfen, rufen. Da stehen wir dumm davor mit unserem Gepäck. Hier wollten wir doch eigentlich den ganzen Tag Pause machen.

Dafür sind wir dem ersten Mitpilger begegnet, dem circa 50-jährigen Wladimiro aus Polen. Er spricht außer Polnisch nur Russisch und etwas Englisch und ist von Lourdes aus gestartet. Quer durch die Pyrenäen und über einen Pass von 2 250 Meter ist er zum Teil durch tiefen Schnee gestapft, mit letzten Kräften, wie er zugibt (sein riesiger Rucksack wiegt 18 Kilo!). Er hat nur eine Landkarte dabei und besitzt bisher keinen Pilgerausweis. Da wir Spanisch sprechen, begleiten wir ihn zur Iglesia Santiago, wo er ihn bekommen kann. Wir platzen mitten in die Frühmesse, in der nur einige alte, schwarz gekleidete Frauen knien. Manchmal geht zwischendurch die knarrende Kirchentüre auf und, sich schnell bekreuzigend, huscht jemand zu einem der Seitenaltäre oder zu einer Heiligenstatue, betet dort ein paar Minuten, zündet eine Kerze an und verschwindet wieder. Der alte Priester, der die Messe liest, ist freundlich, er bittet uns drei nach vorne und segnet uns mit guten Wünschen für den Weg. Danach dolmetschen wir und er stellt in seinem Büro Wladimiro den Pilgerausweis aus, damit er Zutritt zu den Herbergen bekommt. Dieser meint, in vierzehn Tagen die Strecke bis nach Santiago zu schaffen. Da können wir nur staunen, haben wir doch mindestens die doppelte Zeit dafür veranschlagt. Doch er lässt sich nicht beirren und bricht gleich auf.

Vor lauter Müdigkeit kann ich kaum etwas von Jaca aufnehmen. Doch immerhin habe ich ganz beeindruckt meine Hand an einer Säule der Kathedrale in eine tiefe Mulde gelegt, die angeblich über Jahrhunderte von Pilgerhänden entstanden ist. Dann suchen wir uns in der Jugendherberge ein Quartier.

Ich hatte noch keine Erfahrung mit den Risiken, die mit dem Geldumtausch auf einer Bank für mich entstehen, wenn ich schweißnass und im dünnsten T-Shirt mich gezwungenermaßen länger dort aufhalten muss, aber die Klimaanlage eiskalt eingestellt und der Rucksack mit anderen Hüllen nicht zur Hand ist. Schließlich hatte ich endlich das Geld – und gegen Abend eine Erkältung dazu. Jedenfalls habe ich das Konzert im Dom verfrüht verlassen, friere in meinem Schlafsack und fühle mich richtig krank. Das kann ja heiter werden.

In Jaca, Freitag, den 1.6., etwas fiebrig
Wandern geht nicht, bei der kleinsten Gelegenheit bricht mir der Schweiß aus, ich bleibe im Bett und bin ziemlich niedergeschlagen. Dafür kommt Tim gegen Mittag mit der Neuigkeit, dass wir später mit einer Frau aus dem Touristenbüro zum mittelalterlichen Kloster nach *San Juan de la Peña* fahren können – eine lange Etappe von Jaca aus, die ich mit meinen derzeitigen Kräften nicht bewältigen könnte. Doch im Auto geht es vielleicht, warm eingepackt und mit einem Aspirin.

Ich lese über die *Gründungslegende* des Klosters: Eine Erscheinung des hl. Johannes (oder vielleicht auch nur des Eremiten Juan, der im nahen Atarés seine Klause hatte?) habe den Adligen Voto im 6. oder 7. Jahrhundert vor einem tödlichen Sturz im Nebel von der Steilwand dieses einsamen Gebirgskamms bewahrt. Nach diesem erschütternden Erlebnis hätten er und sein Bruder Felix sich von der Welt zurückgezogen und in einer Höhle dieses Felsens als Einsiedler gelebt. Eine dort errichtete Doppelkapelle zerstörte zwar der maurische Feldherr Almanzor mit seinem Heer um 999. Doch ungefähr hundert Jahre später wurde in den weitläufigen Höhlungen unter Einbeziehung der Felsen ein kleines Kloster gegründet. Dieses war nicht nur im 11. Jahrhundert bedeutend für die liturgische Reform, die damals von Cluny ausging und den bis dahin in Spanien vorherrschenden arianischen Ritus[9] durch den römisch-katholischen ersetzte. Die wie ein Schwalbennest in der Steilwand klebende Anlage wurde zeitweise auch von den Herrschern aus Navarra und Aragón als vermeintlich sichere Familiengruft genutzt. Es gibt sogar eine weitere Legende, dass der hl. Laurentius ein Achatgefäß nach Spanien gebracht habe, in welchem Josef von Arimathia das Blut des gekreuzigten Jesus aufbewahrt habe. Dieser angebliche »Gral«, der Ende des 12. Jahrhunderts Anlass für die literarische Gralssuche war, sei hier lange als Reliquie verehrt worden.

Ich stelle mir vor, welche Pilgerströme zeitweise zu diesem einsamen Ort gezogen sein mögen! Wie sehr die Menschen des Mittelalters Reliquien verehrten in der Hoffnung, dadurch seelische oder körperliche Heilung zu erlangen! Doch unabhängig davon, ob es überhaupt echte Reliquien waren, frage ich mich, ob sich in diesem Wunsch, die Nähe von etwas »Heiligem« zu suchen, nicht die Sehnsucht abbildet, selbst in einem umfassenden Sinne »heil« zu werden. Ist es nicht sogar dem ähnlich, was auch heute noch viele zum Aufbruch bewegt? Wieder denke ich über meine eigene Motivation nach. Für mich war ja auch nicht die angebliche Reliquie des hl. Jacobus das, was mich auf den Weg gebracht hat, sondern eine tief in mir wach gewordene Sehnsucht – nach was bloß? Nach Stille und Alleinsein in der Natur? Nach ganz anderen Herausforderungen durch die Unwägbarkeiten eines langen Weges? Nach »Inne-Sein« und mich Öffnen für alles, was mich erreichen will? Nach Aufbruch und »Aufgebrochen-Werden«?

Während ich so liege, geht mir durch den Sinn: Wie gerne wäre ich schon in Borce länger geblieben, um innerlich noch mehr zu begreifen, warum ich eigentlich unterwegs bin, warum ich mich eingereiht habe in den Strom von Generationen vor mir, die genauso erschöpft wie ich an den alten Herbergen und Hospizen angeklopft haben. Ich beginne zu spüren, auf wie vielen Schultern ich stehe, wie viele vor mir diesen Weg gebahnt, die Klöster und Kirchen errichtet und für die Pilger gesorgt haben, wie viele vor mir auf diese innere Suche gegangen sind. Allmählich beginnt in mir eine Vergangenheit lebendig zu werden, zu der ich bisher wenig gefühlsmäßigen Zugang hatte.

Offenbar kommt auf meinem Weg etwas zu kurz: Zwar wandern wir mit Freude, doch bisher vergeht zu viel Zeit damit, die nächste Etappe zu planen, Proviant zu organisieren, zu waschen und zu kochen. Mir fehlt die Muße, das Zwiegespräch mit mir, ich möchte mehr innehalten in der Natur, mich um mehr Ruhe und Achtsamkeit bemühen.

Nachmittags fahren wir zum *Kloster San Juan de la Peña*. Wir haben Glück: Als wir ankommen, wird schon bald geschlossen, die Touristenbusse warten bereits mit angelassenem Motor und die Klosteranlage leert sich langsam. Ich bin bewegt von der Felsenkirche, deren drei Absiden weit in den Fels hineinragen und jeweils einen sehr schlichten Altar enthalten. Überhaupt wirkt der Raum zwar schmucklos, doch in seiner Schlichtheit von großer Kraft und spiritueller Ausstrahlung. Wie karg die Mönche hier gelebt haben müssen, eingezwängt in die Höhlung eines überhängenden Felsens. Wie viele mögen es überhaupt gewesen sein? Und wie haben sie hier die Winter überstanden?

Wie günstig, dass die Dame aus dem Reisebüro mit dem Aufsichtspersonal noch einiges zu besprechen hat. Im winzigen Kreuzgang, von der tief stehenden Sonne in ein mildes Licht getaucht, herrscht Stille. Erst jetzt, wo geschwiegen wird, wo auch ich still werde, wird mir spürbar, dass dies ein »heiliger« Ort ist, lebendig bis heute …

Im Kloster San Juan de la Peña

Eingeschmiegt
unter wuchtigen Fels,
in tiefer Höhlung
verborgen
ein Kreuzgang …
Stille, atmende Stille …
Allein.

Abendlicht,
lang fallende Schatten,
zierliche Säulen
aus rosigem Stein …
daraus leuchtend
Figuren, Gesichter,
ernst und
hoffend so innig …

Vogelgesang
herüberweht,
öffnet den Himmel,
weitet den Raum ...

Fern plätschernder Brunnen ...
Stille –
Geheimnis ...

Immer noch Jaca, Samstag, den 2.6.

Ich kann noch nicht aufbrechen, fühle mich zu fiebrig –
und doch gestärkt von der Stille des Klosters gestern.
Welch ein Glück, so spät und vor allem fast allein noch
dort sein zu können! Ich war berührt von der Kraft dieses
Ortes, habe das Gefühl, wieder bei mir selbst angekommen zu sein.

Letzter Tag in Jaca, Sonntag, den 3.6.

Heute ist Pfingstsonntag, das Fest, das ich am meisten
liebe! Ein Fest in Erinnerung an die Ergriffenheit der
Apostel, ihre Begeisterung durch den Geist des Göttlichen.
Früher habe ich mir immer vorgestellt, dass die Jünger, einfache Handwerker und Fischer, plötzlich in anderen »Zun-
gen«, also Sprachen redeten und damit alle Anwesenden
erreichen konnten. Heute habe ich eher das Gefühl, dass
alle so ergriffen und »vom Geist erfüllt« waren, dass sie
keiner Sprache mehr bedurften, um auf einer viel tieferen
(oder höheren?) Ebene auf das Göttliche ausgerichtet und
darin innig miteinander verbunden zu sein: wahrscheinlich eine zeitlose Erfahrung heiliger Ekstase!

Heute Nacht aber musste ich intensiv daran denken, wie meine Mutter am Pfingstsamstag vor einem Jahr, kurz vor Mitternacht, in meinen Armen starb. Es ging mir noch einmal nahe. Obwohl es eine gute Erfahrung war, tut es immer noch weh. Doch wo sie jetzt auch sein mag, es ist gut, dass ich dieses Jahr auf dem Pilgerweg bin. Der Weg ist ja auch ein Symbol für den Lebensweg, die »Lebenspilgerschaft«. Das Ziel des Weges, hier: Santiago oder Finisterre, das »Ende der Welt« weit im Westen, kann auch als Bild dienen für das Ende dieser »Lebenspilgerschaft«, den Tod bzw. den Übergang in eine andere Dimension ...

So ärgerlich es war, krank zu werden, so haben mir diese Tage in Jaca doch Muße geschenkt. Es geht mir besser heute. Tim wird allmählich auch ungeduldig. Morgen wandern wir weiter, so gut es geht. Wenn bloß der schwere Rucksack nicht wäre!

4. Am Saum der Pyrenäen durch Aragón und Navarra
Von Jaca nach Puente la Reina

8. Tag

Jaca – Berdún, Montag, den 4.6.

Meine Kraft war heute früh doch bald zu Ende. Sie reichte nur ein paar Kilometer bis hinter die romanische Brücke über den Aragón, dann begannen die Schweißausbrüche erneut. Insofern sind wir wieder getrampt, es ging einfach nicht anders.

Einige Kilometer vor *Berdún* wurden wir abgesetzt. Es

wirkt wie ein altes Wehrdorf, das auf der Spitze eines Hügels liegt, mitten in der Flussebene des Aragón und seiner zum Teil großen Zuflüsse aus den Pyrenäen. Als wir oben im Ortskern ankommen, können wir den Blick weit über fruchtbare Äcker und Wiesen unter uns schweifen lassen. In der Ferne sind noch die beschneiten Gipfel der Pyrenäen zu sehen, im Westen ahnt man den Stausee *Pantano de Yesa*. Er soll vergrößert werden, was hier heftig die Gemüter der Bauern erregt, die um ihr Land fürchten. Das Dorf wirkt mit seinen überwiegend alten, vermutlich gotischen Häusern noch sehr intakt. Wir sind wieder die einzigen Pilger in der Herberge, die der Wirt einer Bar betreut. An der Fassade hat er Pilgerstock, Kalebasse und Muschel befestigt.

Abends treffen wir einen Alten, der uns in der Dorfkirche stolz einen beeindruckenden, mittelalterlichen Psalter zeigt, aus dem der Priester angeblich noch heute singt. Noch lange stehe ich oben auf der Stadtmauer im Rosenduft eines kleinen Gartens und schaue einfach nur in die goldglühende Landschaft, die mir in der untergehenden Sonne entgegenleuchtet.

9. Tag
Berdún – Artieda (15 km), Dienstag, den 5.6.

Immerhin heute fünfzehn Kilometer gelaufen und das, obwohl ich nachts so gut wie nicht geschlafen habe. Warum bloß? Ist es der Vollmond? Ich war verzweifelt!

Da ich aber ausgeruht bin, ging es heute schon um 5.30 Uhr los. So früh haben wir es noch nie geschafft! Und es hat sich gelohnt! Noch vor Sonnenaufgang (hier geht sie ja ungefähr eine Stunde später auf als bei uns) sind wir bereits auf dem Weg. Es hat wirklich einen besonderen Zauber, so früh draußen zu sein: Büsche, Gräser, Blumen erscheinen wie gekräftigt durch die nächtliche Kühle, überzogen von glitzerndem Tau wie von Geschmeide.

Nachdem wir wieder ins Flusstal hinabgestiegen sind, wandern wir erodierte Hänge entlang, die manchmal zerfurcht, manchmal wie Elefantenrücken wirken. Vorbei geht es an vielen Bächen, auch den Aragón müssen wir wieder überqueren. Nach der dritten Wanderstunde merke ich aber doch, dass ich diesen Infekt immer noch im Körper habe und wir beschließen, in *Artied*a zu bleiben. Schon um 10.30 Uhr kommen wir dort an. Die Pilgerherberge ist immerhin offen, aber niemand da. Der Hospitalero[10] sei einkaufen gefahren, hören wir von Nachbarn. In der Tat gibt es im Ort entgegen der Information des Pilgerführers mittlerweile nichts mehr zu kaufen, auch nichts mittags zu essen. Wie leben die Leute hier? Später hören wir, dass ein- bis zweimal wöchentlich ein rollender Supermarkt vorbeifährt – nicht besonders günstig für Pilger, die darauf nicht warten können. Glücklicherweise haben wir noch einen Proviantrest.

Wieder ein altes, aber auch ziemlich verlassenes Dorf. Im Verlauf des Nachmittags kommen noch einige Fahrradpilger an und abends sind schließlich alle zwanzig Betten der Herberge besetzt. Das hatten wir bisher noch nie. Wir lernen Ludo, den Belgier, kennen, der nur bis Pamplona wandern wird. Der einzige und offensichtlich überarbeitete Hospitalero kocht für die Pilger und verdient auch daran, ein Frühstück und Sandwichs zuzubereiten. Wir sind dankbar, dass es überhaupt etwas gibt.

10. Tag

Artieda – Kloster Leyre (ca. 20 km), Mittwoch, den 6.6.

Heute Nacht in Artieda die erste Erfahrung mit einem engen Raum voller Hochbetten und schnarchenden Pilgern. Ich bin schließlich mit meiner Matte aus dem winzigen Zimmer auf den Balkon geflüchtet. Eine schöne Vollmondnacht – doch wenig Schlaf. Wie soll das bloß weitergehen?

Als wir aufbrechen, nehmen wir nicht den Weg über Ruesta durch ein riesiges Waldgebiet, sondern entscheiden uns für die gegenüberliegende Seite des Stausees, den wir schon bald erreichen. Ein wunderbar weiter Blick über die riesige Wasserfläche auf die immer noch steil aufragenden Ausläufer der Pyrenäen! Heute Morgen habe ich vom hoch gelegenen Artieda aus weit in der Ferne jenseits des Sees unter einer Steilwand ein großes Gebäude gesehen, das sich von den bewachsenen Hängen abhebt: vermutlich das *Kloster San Salvador de Leyre*, unser heutiges Ziel.

Als wir nach Stunden die Abzweigung des circa fünf Kilometer langen Sträßchens zum alten Kloster Leyre (9. Jahrhundert) erreichen, eines Nebenwegs, den die Touristenbusse nicht nehmen, sind wir doch sehr verunsichert. Da steht ein Schild, dass die nächste Pilgerherberge im 18 Kilometer entfernten Sangüesa sei. Diese Information ist nicht einladend. Wir riskieren trotzdem den steilen Aufstieg in der Mittagshitze, ich mal wieder mit letzten

Kräften. Schweißgebadet und erschöpft stehen wir dann wirklich als Bittsteller an der Pforte des Klosters. Alle seien gerade beim Essen, hören wir vom Bruder – und damit lässt man uns fast eine Stunde warten. Immerhin ist es in der Vorhalle kühler und Wasser finde ich auch.

Schließlich kommt ein Mönch »in Zivil«. Nicht besonders erfreut wirkt er, als er uns um die mittelalterlichen Klostermauern herumführt. Zu unserer Überraschung schließt er dann irgendwann die Türe zur »Klausur« auf, nachdem er von uns wissen wollte, ob wir ein Ehepaar sind. Noch mehr überrascht sind wir über das schöne, kleine Zimmer mit einem Hochbett und vor allem gleich zwei wunderbare, moderne Bäder! Wir sollen uns erfrischen und danach – er zeigt uns gleich den Raum – hier essen. Vor einer riesigen, geschnitzten Altarwand steht ein ebenfalls riesiger Tisch, auf dem wir kurze Zeit später das beste Menü seit langem vorfinden. Wir sind hocherfreut, hatten wir nach dieser etwas kühlen Begrüßung damit nun wirklich nicht gerechnet.

Die freundliche Fürsorge geht noch weiter: Wir bekommen nicht nur den Schlüssel zur Klausur ausgehändigt (eine weitere Türe wird dann allerdings sorgfältig vor uns abgeschlossen!), sondern auch noch den zur Kirche und zur Krypta! Das bedeutet, dass wir nach einem ergiebigen Mittagsschlaf und *nach* den Öffnungszeiten für Touristen noch in Ruhe ganz alleine diese wunderbaren Räume werden betreten dürfen!

Das Kloster San Salvador de Leyre wurde im 9. Jahrhundert gegründet und geht eventuell sogar auf eine ältere, baskische oder fränkische Gründung zurück. Immer wieder diente es als Zufluchtsort oder sogar Residenz von Bischöfen oder Königen während der Überfälle der Mauren, dann auch als Pantheon der Könige Navarras. Die heutige Krypta und Kirche wurde nach der letzten Zerstörung durch die Araber 1057 bzw. 1098 geweiht. Die Zisterziensermönche erweiterten die Anlage durch gotische Anbauten. Mitte des 19. Jahrhunderts wurde das Kloster schließlich aufgelöst, aber später doch unter Denkmalschutz gestellt. Ab 1954 restaurierten und belebten es schließlich wieder französische Benediktiner.

Über Virila, im 10. Jahrhundert Abt von Leyre, gibt es eine Legende, die mich berührt und die sich offenbar damals in ganz Europa verbreitete. Bis heute existiert ein Pfad zu einer nach ihm benannten Quelle, den ich nachmittags einschlage, um zu warten, bis sich der Touristenrummel um das Kloster gelegt hat.

Angeblich konnte Abt Virila trotz langen Nachdenkens nicht den Sinn einer nie endenden Zeit, nämlich der »Ewigkeit«, erfassen. Es schien ihm, dass dies auch bei tief gläubigen Seelen schließlich zur Langeweile führen müsse. Auf dem Weg zu einer Quelle am Berghang hinter dem Kloster vernahm er den betörenden Gesang einer Nachtigall ganz aus der Nähe. Selbstvergessen lauschte er dem wunderbaren Lied des Vogels und vergaß darüber Zeit und Raum. Als er wieder zu sich kam und zurückkehren wollte, mutete es ihn befremdlich an, dass der Pfad zur Quelle zugewachsen war und er sich nur mit Mühe einen Weg bis zum Kloster bahnen konnte. Doch die Gebäude erschienen ihm größer, die Kirche verändert. Die Mönche, die ihm begegneten, waren ihm allesamt fremd und erkannten auch ihn nicht. Er nannte seinen Namen, doch man wusste nichts damit anzufangen. Erst als einer der Mönche in den alten Chroniken nachschlug, fand er Datum und Hinweis: Virila, im Walde verschollen. Es war 300 Jahre her. Er wollte es nicht glauben, bis die Nachtigall, der er gelauscht hatte, herbeiflog und sich bei ihm niederließ. Da vernahm er eine Stimme: »Nur für eine kurze Weile wähntest du, dem Lied des Vogels zu lauschen, und doch sind dreihundert Jahre darüber verstrichen. Nun, wie viel weniger wirst du angesichts der immerwährenden Freuden des Himmels wahrnehmen können, wie ein winziger Bruchteil der Ewigkeit verrinnt!«[11]

Die Quelle, heute nach Virila benannt, ist ein idyllisches Plätzchen im efeuumrankten Wald unmittelbar unter der Steilwand der Sierra de Leyre, einem Ausläufer der Pyrenäen. Von hier aus habe ich einen wunderbar weiten Blick nicht nur auf die beeindruckende Klosteranlage, sondern auch auf den Stausee tief unten und das hügelige Land, das wir bereits durchwandert haben und morgen weiter durchwandern werden.

Als ich zurückkehre, ist es im Klosterbereich leer geworden. Nur den Belgier Ludo, der den weiteren Weg durch das Waldgebiet auf der anderen Seeseite genommen hat, entdecke ich auf dem Platz vor der Kirche und schwärme ihm von unserem Quartier vor.

Allein stehe ich dann vor dem Tympanon des Westportals, der »porta speciosa«, und bin tief bewegt von der archaischen Kraft dieses Figurenschmucks aus dem 12. Jahrhundert, der von der sinkenden Sonne in goldenes Licht getaucht wird.

Verwittert, doch immer noch ausdrucksstark stehen die Gestalten nebeneinander, fast wie aufgereiht: in der Mitte Christus, der Retter (»San Salvador«), dann Maria und vier der Apostel – oder sind es andere? Umgeben sind sie von einer Fülle weiterer Figuren, die ich zu enträtseln versuche. Im Gegensatz zu den mittelalterlichen Menschen fehlt mir heute die Kenntnis der sie charakterisierenden Symbole, so dass ich nur mutmaßen und phantasieren kann.

Als die letzten Touristen gegangen sind, schlüpfen wir leise in die unter der Oberkirche gelegene Krypta hinein. Welch ein beeindruckender Ort! Wir kommen uns wie auf einer Zeitreise, um 1000 Jahre zurückversetzt vor: In der einstigen Königsgruft stützen sich niedrige, gedrungene Bogengewölbe auf wuchtige Kapitelle und äußerst kurze, mächtige Säulen, die unter der Schwere der Gewölbe fast in den Boden gedrückt erscheinen. In einem dämmrigen Gang erinnert eine Figur an den Abt Virila. Dieser Ort strahlt in der Tat etwas von einer »sicheren Zuflucht« aus. Die Wucht der Steine und die Kraft dieses Raumes wirken auch auf mich bergend und schützend, nach einer Weile erscheint er mir aber auch schwer und fast einengend. So bin ich froh, wieder aufsteigen zu können.

Als ich in die weite und hoch gewölbte Oberkirche trete, bin ich bezaubert: Honiggelb und warm leuchten die behauenen Steinquader, durch ein Fenster der mittleren Apsis wird die davor thronende Maria mit dem Kind von weichem Spätnachmittagslicht umstrahlt und belebt damit den gesamten Raum, der sonst eher sparsam geschmückt ist, wie in allen Zisterzienserklöstern. Erst beim zweiten

Blick fällt mir auf, wie unregelmäßig diese Kirche gebaut ist. Von den drei Bögen zum Altarraum sind die zu beiden Seiten unterschiedlich breit, das runde Fenster über dem mittleren Bogen sitzt nicht über seinem höchsten Punkt, sondern ist seitlich versetzt. Ein zugemauerter Bogen deutet an, dass die Kirche früher größer war oder andere Zugänge zum Kloster existierten. Es wirkt so, als ob es immer wieder nötig gewesen sei, alt Vorhandenes in Neues einzubeziehen. Diese Kirche ist gezeichnet von den Veränderungen der Jahrhunderte. Trotzdem wirkt sie in sich geschlossen, sogar ausgesprochen beseelt und »atmend«, gerade auch in der Stille. Ich weiß plötzlich, dass es spürbar ist, wenn eine Kirche durch Gebete und Gesänge immer wieder neu belebt wird.

Als ich abends bei der Vesper die Mönche gregorianisch singen höre, scheint die Zeit für mich stehen zu bleiben ... Danach, alleine, im verwehenden Duft der Kerzen: nur noch Stille, eine mein Herz weitende, atmende Stille ...

Als mein Gebet immer andächtiger und innerlicher wurde,
da hatte ich immer weniger und weniger zu sagen.
Zuletzt wurde ich ganz still.
Ich wurde, was womöglich ein größerer Gegensatz zum
    Reden ist,
ich wurde ein Lauschender.
Ich meinte erst, Beten sei Reden.
Ich lernte aber,
dass Beten nicht nur Schweigen ist,
sondern Lauschen (...) [12]

11. Tag

Kloster Leyre – Sangüesa (ca. 23 km), Donnerstag, den 7.6.

So gut wie heute Nacht im Kloster Leyre habe ich auf dem ganzen bisherigen Pilgerweg noch nicht geschlafen. Um sieben Uhr hören wir noch die Laudes der Mönche und wieder bin ich überwältigt. Wie gerne würde ich noch bleiben! Doch nach einem guten Frühstück und kurzem Gespräch mit Frai Juan Ignacio, der uns betreut, müssen wir – sowieso später als sonst – aufbrechen. Ich fühle mich an Leib und Seele gestärkt und kraftvoll.

Heute müssen wir viel auf Straßen wandern, dafür dann zwischendurch auch einen steilen Abhang durchs Gebüsch runter zur alten (unpassierbaren) Römerbrücke, weil wir einen Abzweig verpasst haben. Schließlich kommen wir zur *Burg Javier*, in der 1506 Francisco Javier, heute Schutzheiliger Navarras, geboren wurde. Spät rasten wir unter schattigen Bäumen. Bald brennt die Sonne unbarmherzig, als wir uns über Schotterwege und geröllübersäte Bergrücken quälen. Der »lange« Morgen in Leyre hat seinen Preis, doch ich zahle ihn gerne.

Erst jetzt merke ich, dass wir mittlerweile die Provinz Navarra erreicht haben. Gegen 14.30 Uhr kommen wir in *Sangüesa* an. Im 12. Jahrhundert wurde dieser Ort als Frankensiedlung am Pilgerweg begründet und später mit einer Königsburg, Adelspalästen und wappengeschmückten Bürgerhäusern ausgebaut (heute Weltkulturerbe).

Die laute und aus allen Nähten platzende Stadt am Fluss Aragón irritiert uns etwas. Aber vielleicht sind wir nach so vielen Straßenkilometern und mit platt gelaufenen Füssen auch nicht mehr so aufnahmefähig. Die Kirche Santa

Maria la Real mit ihrem romanischen Südportal (nur von außen zu besichtigen) ist allerdings beeindruckend. Ein Teil ihrer Figuren ist lang gestreckt und scheint schon die frühe Gotik anzudeuten. Dann entdecke ich zu meiner Überraschung einige nordische Seilornamente im Tympanon, ähnlich wie in Leyre. Wandernde Handwerker oder Pilger aus Skandinavien, die sich als Steinmetze während des Baus der Kirche verdingten?

Da die Pilgerherberge gerade renoviert wird, wandern wir zu einem Campingplatz und nächtigen in einem Armeezelt. Bald trifft auch Ludo ein.

12. Tag

Sangüesa – Izco (18,5 km), Freitag, den 8.6.

Völlig gerädert nach einer nächtlichen »Hängepartie« im schmalen Feldbett stehe ich gegen 5.30 Uhr auf. Wieder hilft es mir, mich auf den wunderschönen, frühen Morgen auszurichten. Nie zuvor bin ich kontinuierlich so früh draußen in der Natur gewesen! Dann habe ich heute früh etwas entdeckt: Ich singe oder summe beim Gehen. Manchmal scheine ich mit den vielen Nachtigallen in diesem Flussgebiet um die Wette zu singen. Es tut mir einfach nur gut!

Hinter Liédena führt der Weg zum *Foz de Lumbier*, einer gewaltigen, aber nur einen Kilometer langen Schlucht des Flusses *Irati* ohne natürlichen Zugang. Eine romanische Brücke, die die Pilger des Mittelalters daran vorbeileitete, wurde angesichts der napoleonischen Truppen gesprengt. Heute führt der Pilgerweg auf einer früheren Bahntrasse hindurch. Als wir aus dem Eingangstunnel in die Schlucht treten, staunen wir wirklich über dieses natürlich entstandene »Biotop«: Uns empfängt vom mächtig rauschenden Fluss gedämpftes Vogelgeschrei und -gekrächz und vor zahlreichen Nestern mit Jungvögeln auf den Felsvorsprüngen herrscht ein reger Betrieb. Weit oben auf den Felsen hocken Gänsegeier und scheinen uns zu beobachten, wie Ludo mit gezücktem Fernglas berichtet. Über Jahrtausende hat der zwischen den hohen Steilwänden immer mehr eingezwängte Fluss den Stein in schwingenden Formen weiter ausgewaschen bis auf sein heutiges Bett tief unten. Nur durch Sprengungen konnte die Bahntrasse hindurchgeführt werden. Überrascht und bewegt kommen wir vor lauter Entdeckungsfreude kaum weiter. Ich würde am liebsten den ganzen Tag hier verbringen.

Nach dem Ausgangstunnel blicken wir in eine weit geschwungene Hügellandschaft voller Felder und Weiden. Verstreute Schafherden, hier und da ein kleines Dorf. Die Pyrenäenausläufer treten immer weiter zurück. Dafür gibt es auf anderen Bergen am Horizont zahlreiche moderne Windräder. Kommen wir in die Nähe der Küstengebirge zum Atlantik?

Auf den Feldwegen können wir gut ausschreiten und den Blick schweifen lassen. Inmitten von jubilierenden Lerchen, zwischen wogendem, schon goldenem Getreide und unter einem seidig blauen, weiten Sommerhimmel einfach nur gehen, gehen und immer weiter gehen ... welches Glück! Es ist nicht mit Worten zu beschreiben.

Jeder marschiert für sich allein und doch bilden wir drei eine lang auseinander gezogene Kette. Gemeinsam rasten wir später im Schatten einer Mauer an einer kleinen Friedhofskapelle, überlegen, wie weit wir noch gehen und welche Pilgerherberge wir wählen wollen. Ludo wird eine längere Etappe als wir laufen. So verabschieden wir uns herzlich, fast wie Freunde, nachdem wir an drei Abenden Essen und Quartier miteinander geteilt haben.

Hier in Navarra tauchen die ersten Weinfelder auf. Der Weg führt allmählich wieder mehr in die Höhe, wird zum schmalen Pfad, kreuzt Kiefernwäldchen. Ich sehe zum ersten Mal eine hellgrüne, fast giftgrüne Schlange im Gebüsch verschwinden und erschrecke: Auf Schlangen war ich bisher nicht eingestellt! Wir müssen sogar noch über einen Pass. Nach einem Stück Straße kommen wir an eine große Baustelle, der umgebende Wald ist deshalb teilweise gerodet. Jetzt wird es spannend: kein Wegzeichen mehr weit und breit. Wir irren umher, glauben aber, *Izco* von weitem zu sehen, versuchen, uns mit dem Kompass zu orientieren, schlagen uns irgendwie durch den Wald, folgen einem Pfad in der vermuteten Richtung. Hier bin ich froh, dass ich nicht alleine wandere.

Bald darauf brauche ich eine Pause, weil meine linke Achillessehne schmerzt und ich nachsehen will. Sie ist wirklich geschwollen. Wir rasten ein Weilchen. Nichts als Wald weit und breit. Als ich zufällig an dem Baum etwas hochschaue, unter dem wir die Rucksäcke abgeworfen haben, entdecke ich zu meiner Überraschung: Irgendjemand hat eine kleine Anstecknadel mit Kreuz und Schwert in der Rinde hinterlassen. Es ist also der richtige Pfad! Dieses Symbol des Jakobus als Maurentöter (Matamoro) ist für mich zwar sehr ambivalent, aber es berührt mich doch, es nach unserem Herumirren ausgerechnet an »unserem« Baum zu finden. Jakobus lässt grüßen? Ich lasse es dort, vielleicht hilft es noch anderen Pilgern.

Als wir schließlich zur Siesta-Zeit in *Izco* ankommen, bin ich doch überrascht, dass der Ort nur aus ungefähr zehn Häusern bzw. Gehöften besteht und völlig verlassen wirkt. Auch die Herberge ist abgeschlossen, keiner scheint da zu sein. Es ist immer wieder ein Kunststück, jemanden während der Siesta zu finden und herauszubekommen, wer den Schlüssel hat. Wie gut, dass wir Spanisch sprechen! Schließlich entdecken wir einen verborgenen Hintereingang. Und siehe da, es ist doch schon jemand da! Philippe, um die sechzig, ein sympathischer Franzose, der den Weg bereits zum zweiten Mal geht, ist vor uns eingetroffen. Mir fallen sofort seine strahlenden Augen auf und bald sind wir zwischen Wäschewaschen und Spaghettikochen (die kann man bei der Hospitalera kaufen, gelobt sei sie!) in ein intensives Gespräch vertieft. Er war bereits in Arles aufgebrochen und erzählt uns von seinen Abenteuern quer durch Südfrankreich.

Nach und nach treffen im Verlauf des Nachmittags auch andere Pilger ein und bald sind die vier vorhandenen Etagenbetten besetzt. Viele schimpfen auf die Baustelle, weil sie sich ebenfalls verlaufen haben. Das ist aber noch gar nichts im Vergleich zu dem Abenteuer, das Agathe aus der Schweiz vorgestern erlebt hat: Nach einer sowieso schon großen Etappe, auf der ihr auch der Proviant mangels Läden ausging, wollte sie noch bis zur Herberge in Undues de Lerda kommen. Wie Ludo ist sie daher auf der anderen Seite des Aragón-Stausees gewandert. Sie sei so erschöpft und schließlich auch ohne Wasser gewesen, dass sie sich eine Abkürzung ausgedacht habe, um schneller anzukommen. So erklärt sie es jedenfalls, dass sie in dem weitläufigen Waldgebiet, in dem es auch keine Dörfer gibt, völlig vom Weg abgekommen war. Sie habe sich dermaßen verlaufen und am Abend keine Orientierung mehr gehabt, dass sie nachts sogar im Wald übernachten musste. Per Handy rief sie dann ihren Mann in der Schweiz an, der wiederum bei der spanischen Polizei Alarm schlug. Die schickte einen Hubschrauber, der sie dann entdeckte und hinausflog.

Mir fällt ein älterer deutscher Pilger auf, angeblich ein ehemaliger Offizier, der sich seine rot entzündeten Füße mit Salbe einschmiert und stark humpelt. Die anderen scheinen ihn schon zu kennen, munkeln, dass er an seinem ersten Wandertag vom Somportpass aus die über dreißig Kilometer weite Strecke bis nach Jaca gelaufen sei. Abends waren seine Füße voller Blasen, die sich jetzt beim weiteren Gehen immer wieder entzünden. Er tut mir wirklich leid.

Es ist schon gemütlich, abends in so einer kleinen Truppe zusammenzusitzen, Erfahrungen auszutauschen und meist an einem großen Tisch irgendetwas Improvisiertes zu essen. Die Auswahl ist dabei mehr als bescheiden: Spaghetti heute, morgen und übermorgen, doch wir sind froh, überhaupt zu etwas Essbarem zu kommen. Mit ein paar Konserven, soweit vorhanden, lassen sie sich ja variieren, und Hunger ist der beste Koch. Die Küche entwickelt sich zur Tauschbörse, wenn sich nicht sowieso Gruppen bilden, die von vornherein zusammen kochen.

Auf der Leine im Garten flattert unsere Wäsche, fast alle schreiben abends noch Tagebuch oder sind in ein Gespräch vertieft. Von Philippe, der Physiker in einem Atomkraftwerk war, erfahren wir viele komische Geschichten von der »Via arlesana«, dem Jakobsweg von Arles aus, an dem es teilweise überhaupt keine Herbergen gibt. Und er war auf seinem »zweiten Weg« bewusst in anderen Unterkünften und gibt uns den wichtigen Tipp, wenn irgend möglich die kleinen aufzusuchen. In Atares, nahe San Juan de la Peña, konnte man nur auf dem Dachboden schlafen, dafür hätten zwei holländische Hospitaleras ihm abends die müden Füße massiert. Und: »Nach dem Laufen die Füße in Essigwasser halten, das erfrischt und heilt!«

13. Tag

Izco – Tiebas (22 km), Samstag, den 9.6.

Die Nacht in Izco begann wieder grandios und einer der Schweizerinnen habe ich einen Namen gegeben: Ursula, der Pilgerschreck. Dabei ist sie wirklich sympathisch! Doch sobald sie eingeschlafen ist, verwandelt sie sich in einen fauchenden und röhrenden Drachen. Nach vergeblichen Versuchen, zur Ruhe zu kommen, habe ich schließlich wieder das Weite gesucht. Als ich meine Matratze im Dunkeln in den Essraum schob, wäre ich fast über Philippe gestolpert, der sich schon viel früher dazu entschlossen hatte. Hier schlafe ich gut und fest. Vielleicht hatte Philippe ja Recht, als er mich gestern darauf hinwies, nicht abends, sondern morgens Vitamine zu schlucken. Vielleicht habe ich deswegen bisher oft so schlecht geschlafen?

Welche Lust, heute zu wandern! Gut ausgeruht lebe ich richtig auf, fühle mich verbunden mit Körper, Geist und Seele, bin offen für das, was mir begegnet. Alles erscheint mir heute irgendwie bedeutsam: die wunderbare Landschaft, die Blumenpracht am Weg, die zahllosen, emsigen Insekten, die einbeinige Kröte, die mich aus goldenen Augen anschaut und die ich vorsichtig ins Gebüsch trage, der fremdartig bunte Vogel, der vor mir herfliegt und so auffordernd singt. Ich erlebe eine solche Fülle, dass ich manchmal gar nicht weiß, wie ich sie verkraften soll. Immer wieder bin ich bewegt von so viel Schönheit in der Natur, bleibe angerührt und staunend stehen, wandere langsam, brauche Zeit, um es auf»nehmen« zu können, und doch bleibt es mir un»fassbar«: Nichts, was sich halten und »haben« lässt, ist es bloßes, vor Lebendigkeit und Schönheit strotzendes »Sein«.

Mir fällt ein Gedicht von *Eichendorff* ein, das meine Großmutter manchmal mit diesem besonderen, »wissenden« Ausdruck sprach:

Schläft ein Lied in allen Dingen,
die da träumen fort und fort,
und die Welt hebt an zu singen,
triffst du nur das Zauberwort.

Ich weiß nicht, was das »Zauberwort« sein könnte, und trotzdem hat es sich erfüllt! Dieser Morgen ist einfach ein großes Geschenk! Wieder einmal! – Heute spüre ich kaum das Gewicht des Rucksacks, vielleicht angesichts der tiefen Freude, hier und jetzt unterwegs zu sein.

Die mittelalterliche Pilgerstation *Monreal* betrete ich über die romanische, schmale Brücke und gehe bewegt die alten, steilen Straßen und Gassen zum Ortskern hoch. Hier treffe ich wieder Tim, der eine kleine Bar gefunden hat, um seinen Morgenkaffee zu zelebrieren. Ich muss ihm Recht geben, unser »Frühstück« ist schon spartanisch: altes Brot vom Vortag in eine aufgeschnittene Milchtüte getunkt. Doch mir macht es nicht so viel aus. Immerhin gibt es hier auch ein paar Läden, so dass wir eine ausführliche Pause einlegen und unseren Proviant auffüllen.

Mittlerweile haben Tim und ich uns darauf geeinigt, dass jeder tagsüber im Prinzip alleine geht. Da wir uns meistens irgendwo begegnen, entscheiden wir dann weiter. Oft überlegen wir schon abends, bis zu welcher Herberge wir am nächsten Tag wandern wollen, so dass wir uns spätestens dort treffen. Das fühlt sich gut an. Heute geht es teilweise noch über römische, gepflasterte Wege. Welche Sklaven werden diese angelegt haben, sicher nicht ahnend, dass sie bis heute begangen werden.

Dann sehe ich Philippe vor mir und hole ihn langsam ein. Er freut sich und erzählt, dass er bis zu seinem ersten Pilgerweg Atheist war (warum hat er sich dann auf den Weg begeben? – auch diese eigentümliche Sehnsucht, wie er eingesteht). Es habe sich so ergeben, dass er eine längere Strecke mit einem Mönch gewandert sei. An den vielen kleinen Kapellen sei dieser nicht vorbeigegangen, sondern eingetreten, um gregorianische Choräle zum Lobe Gottes zu singen. Das habe ihn so tief angerührt, dass sich seitdem viel in seinem Leben verändert habe. Ich denke an die Mönche von Leyre. Wie gut kann ich ihn verstehen!

So spontan wie wir uns gefunden haben, trennen wir uns wieder mit einer kleinen Abschiedsgeste. Jeder hat seinen eigenen Weg, ist verbunden mit seinem eigenen, inneren Prozess, der mal mit dem eines anderen zusammen schwingt, mal auch nicht. Deutlicher als vor ein paar Tagen nehme ich bei mir wahr, ob ich reden mag oder schweigen angesagt ist. Und jeder ist frei, diese innere Wahrheit zu leben.

Nach sechs bis sieben Stunden wandern bin ich dann doch froh, wenn sich die Tagesetappe ihrem Ende zuneigt. So freue ich mich, als wir die Burgruine aus dem 13. Jahrhundert am Eingang von *Tiebas* liegen sehen. Der Ort lebt von zwei riesigen Steinbrüchen. Von der Kirche aus hat man einen herrlichen Blick über die weite Ebene. In der Ferne liegt Pamplona, offenbar auch der Flughafen, denn Jets starten und landen. Aus dem Dorf erreicht uns Musik und zu unserer Freude sehen wir, dass irgendein Fest gefeiert wird. Auf einem Platz stehen Gruppen von Frauen vor riesigen Pfannen, um Paella zuzubereiten. Uns läuft das Wasser im Mund zusammen. Offenbar wirken wir auch dermaßen sehnsüchtig und ausgehungert, dass die freundlichen Leute uns für später zum Essen einladen. Frohgemut suchen wir die Herberge auf, ein leeres Haus mit einigen Matratzen auf dem Boden. Wir treffen noch ein junges Paar, das sich offenbar erst vor kurzem zusammengetan hat und mit Fahrrädern auf dem Rückweg von Santiago unterwegs ist in Begleitung eines Hundes. Sie erzählen, dass der Hund ungefähr 50 Kilometer mitläuft, danach darf er dann in einen kleinen Anhänger. Später essen wir auf dem Festplatz die beste Paella, die mir bisher begegnet ist.

14. Tag

Tiebas – Puente la Reina (ca. 20 km), Sonntag, den 10.6.

In Tiebas wunderbar geschlafen! Heute Nacht hat es heftig geschüttet! Erst gegen sieben (es ist ja Sonntag!) brechen wir auf. Auch in den nächsten Stunden regnet es noch leicht: zu wenig für den (zu warmen) Anorak, zu viel für unsere bisherigen Klamotten. Ausprobieren ist angesagt. Trübe ist es heute und grau, die wenigen Dörfer wirken wie ausgestorben. Das Wetter scheint zu bewirken, dass alle Pilger, die ich unterwegs treffe, hinter ihren äußeren Verhüllungen auch innerlich verhüllt oder irgendwie zurückgezogen wirken. Wir stapfen vorwärts, rutschen manchmal auf dem tonigen Boden aus, laufen so vor uns hin wie schaukelnde Arrangements eines Verpackungskünstlers.

Die Stunden vergehen auf Feldwegen durch hügeliges Land, bergauf, bergab. Finstere Wolken hängen tief herab, halten kaum ihre schwere Nässe. Irgendwann bricht die Sonne für ein paar Augenblicke durch und schmückt die mit Feuchtigkeit voll gesogene Landschaft mit hell aufstrahlenden Lichtflecken. Zwischen weit geschwungenen Hügeln am Horizont ruhen reifende, matt-goldene Getreidefelder, säumen bunt blühende Feldraine die seltenen Wege. Auch jetzt jubilieren Lerchen hoch in den Lüften, doch klingt ihr Lied heute gedämpfter. Die Farben der Weite verschwimmen in leichtem Dunst. Manchmal spüre ich kaum, dass ich gehe, es erscheint mir fast, als tauchte ich in diese schwingende Landschaft ein, als zöge eher sie still an mir vorüber. Dann wiederum werde ich plötzlich herausgerissen, stolpere über einen Stein oder strauchle am Wegrand. Doch bald nimmt mich die Landschaft wieder auf. Ihr melodisches Fließen begleitet mich bis in die Träume …

Nach einer Weile taucht in der Ferne ein eigentümlicher Fleck auf und enthüllt sich als ein Kirchlein, mitten in den einsamen Feldern gelegen: *Eunate*. Welche Geschichte mag dieser Ort haben? Es heißt, es sei eine alte, romanische Templerkirche aus dem 12. Jahrhundert. Wer waren die »armen Ritter des Tempels«?

In der Zeit der Kreuzzüge hatten sie in Jerusalem auf dem Gelände des Felsendoms Quartier gefunden, auf dem schon der salomonische Tempel gestanden haben soll (daher ihr Name!). Im 12. Jahrhundert schlossen sie sich zu einem sogenannten Militärorden zusammen, um in Armut, Keuschheit und Gehorsam zu leben und den Armen, Kranken und auch den Pilgern zu dienen und Letztere gegen Feinde aller Art zu verteidigen.

Als sich die Kreuzfahrer aus dem Heiligen Land zurückziehen mussten, kehrten die Templer 1291 nach Frankreich zurück. Sie versahen jetzt wichtige Dienste zum Schutze der Jakobspilger, richteten Hospize ein, bauten Kirchen und erhielten im Laufe ihrer Tätigkeit großzügige Spenden und Schenkungen. Durch Geschick und gut funktionierende Niederlassungen entwickelten sie sich allmählich zu einer wichtigen Finanzmacht in Europa, zumal der Orden von Steuern befreit war. Damit entgingen dem König zahlreiche Einnahmen und so war der Konflikt mit Philipp IV. bereits angelegt. Durch (wie sich später erwies) falsche Zeugenaussagen wurden sie der Ketzerei beschuldigt und 1312 verbot Papst Clemens V. den Orden. Ihre

Mitglieder mussten untertauchen, ihr Großmeister wurde ein Jahr später öffentlich verbrannt.

Die von ihnen errichteten Kirchen orientieren sich häufig am Rundbau des Felsendoms in Jerusalem. Eunate ist eine von ihnen. Die ursprüngliche Funktion von Eunate ist noch immer nicht ganz geklärt. Doch die vielen in der Nähe gefundenen Gräber mit Muschelbeigaben weisen darauf hin, dass es sich um eine Begräbniskirche für Pilger gehandelt haben mag. Beim Näherkommen fällt ihr achteckiger Grundriss auf, der sich in einem Arkadenumgang mit Umfassungsmauer wiederholt. Die schmalen, rundbogigen Fenster und das niedrige, nur mit einem schmalen Fries geschmückte Portal sind schlicht gehalten. Auf wenigen, behauenen Steinen sind noch verwitterte Pflanzen, Fabelwesen und Dämonen zu erkennen. Gespannt trete ich in den halbdunklen Innenraum.

Es überrascht mich, wie sammelnd dieser Zentralbau auf mich wirkt. Eine Weile setze ich mich auf eine der Bänke, um auszuruhen und auch innerlich mehr zur Ruhe zu kommen. Einige Kerzen flackern vor dem Steilsockel mit einer schlichten Statue der gekrönten Maria und des gleichfalls gekrönten Jesuskindes aus bemaltem Holz, sonst ist der Raum kaum geschmückt. Nur die steinernen Ornamente fallen auf: die acht breiten Rippen, an maurisch-mudejare Baukunst erinnernd, die vom Gewölbescheitel nach unten verlaufen und damit den Innenraum gliedern, sowie die Halbsäulen mit leicht spitz zulaufenden Blendbögen an Mauern, Fenstern und Portal. Doch so schön dieser Raum auch ist, er wirkt auf mich in diesem Augenblick eher unbelebt. Ein Kleinod inmitten der weiten Feldlandschaft, doch genauso vereinsamt, wie es auch daliegt – oder liegt es an mir, dass mir heute der innere Zugang verstellt ist?

Es regnet immer noch leicht, als ich weitergehe, doch es ist nicht mehr weit bis Puente la Reina. Die Feldwege werden immer rutschiger, ich bin froh, dass ich meine Stöcke habe. Irgendwann durchqueren wir *Obanos* mit seinen gediegenen Häusern und alten Plätzen. In diesem alten Dorf nehmen wir überrascht zahlreiche andere Pilger wahr, die wir noch nie gesehen haben. Dann wird mir klar, dass ja alle vier französischen Wege kurz vor *Puente la Reina* zusammenführen. Offenbar haben wir diesen Punkt jetzt erreicht.

Als wir einige Zeit später in diesem Städtchen bei der Pilgerherberge angekommen, die von einem Priesterseminar verwaltet wird, staune ich nicht schlecht: Eine Ansammlung von vielleicht dreißig Pilgern wartet in Reihen vor dem Eingang und in den Fluren. Damit hatte ich nicht gerechnet, waren wir bisher doch immer ein überschaubares Häufchen! Jetzt heißt man sich nicht einmal mehr willkommen. Die »Abfertigung« verläuft routiniert, wir dürfen uns ein Bett im Schlafsaal aussuchen. Doch an einen Mittagsschlaf ist bei diesem Andrang nicht zu denken! Trotzdem scheint weiter hinten ein junger Mann auf dem oberen Bett zu meditieren.

Der Ort *Puente la Reina* wirkt geschichtsgetränkt. Name und Aufstieg verdankt er Doña Mayor, Königin von Navarra, die im 11. Jahrhundert über den breiten Fluss Arga diese wunderschöne, immer noch gut erhaltene Brücke bauen ließ und damit die Pilgerströme in die kleine Stadt lenkte. Daran erinnern noch die Häuser entlang der alten Pilgerstraße, der »sirga peregrinal«, unter denen zahlreiche Hospize gewesen sein sollen. Eine andere ehemalige Templerkirche mit reich verziertem romanischem Portal enthält ein gotisches Kreuz in Y-Form mit einem beeindruckenden Christus. Das Kreuz selbst soll ein Pilger aus dem Rheinland bis hierher getragen haben.

Die Pilgerstraße führt durch einen Torbogen zur alten Brücke aus sechs kräftigen Bögen. Ich bin überrascht, wie viel Wasser der Arga führt, und mir wird klar, welches Problem es früher gewesen sein mag, einen Fluss zu überqueren. Im Mittelalter gab es viele warnende Geschichten von Fährleuten, die Pilger ausraubten und dann ertrinken ließen. Aymeric Picaud hat im 12. Jahrhundert in seinem Pilgerführer, dem Liber Sancti Jacobi, immer wieder gerade vor den Navarresen gewarnt und damit wahrscheinlich eine Menge Vorurteile verbreitet. Umso verständlicher wird es, dass Pilger gerne in den Villas Francas, den neu gegründeten Städten, in denen sich viele Franken niedergelassen hatten, Rast und Orientierung suchten.

Philippe kennt hier eine Fonda im ersten Stock eines alten Hauses. Die sympathischen Wirtsleute bereiten uns ein gutes Essen zu. Wie fast immer sind wir über die Frage »Warum bist du auf dem Weg?« längst bei sehr persönlichen Gesprächen gelandet. Wir sind bewegt von seiner Geschichte und unterhalten uns lange und intensiv.

Als wir gegen 22 Uhr zur Herberge zurückkehren, hat sich unter mir ein Mann einquartiert, der dadurch auffällt, dass er keinen Rucksack, sondern ein Bündel bei sich hat. Er scheint auch keinen Schlafsack zu besitzen und hat sich eine Decke besorgt. Auch trägt er saubere Kleidung, eine Hose mit Bügelfalte, keine Outdoor-Klamotten. Irgendwie wirkt er nicht so, als ob er tagsüber durch den Dreck ginge. Anfangs frage ich mich, ob er ein Obdachloser sei, und zögere, meinen Rucksack an seinem Kopfende stehen zu lassen. Viel habe ich ja nicht dabei, dafür ist jedes Teil schwer entbehrlich. Irgendjemand erzählte, dass sich Obdachlose zunehmend unter die Pilger mischten – und wegen ihnen auch Polizisten in Zivil. Vielleicht lernen wir ihn noch näher kennen.

5. Durch die Getreidemeere Navarras, die Weingärten Riojas und die Oca-Berge
Von Puente la Reina nach Burgos

15. Tag

Puente la Reina – Estella (22 km), Montag, den 11.6.

Ich sitze im Schatten des Kreuzgangs der romanischen Kirche San Pedro de la Rua in der Altstadt von Estella. Hitze brütet draußen. Es ist noch Siesta, nur wenige Geräusche dringen gedämpft herein. Immer wieder breitet sich wohltuend Stille aus, unterbrochen nur vom leise plätschernden Wasser des Brunnens. Zarter Heckenrosenduft weht herüber.

So mag es auch vor Jahrhunderten schon gewesen sein. Im Mittelalter wurden hier Pilger bestattet ... Doch heute stehen von den ursprünglich vier Seiten des Kreuzgangs nur noch zwei. Was ist mit den anderen zwei geschehen? Wer reißt ein solches Kleinod ein? Das sonst in sich geschlossene Areal wirkt geöffnet. Der Blick wird nicht zentriert, sondern weitet sich auf ockerfarbenes Gestein und Buschwerk am Berghang hin.

Der heutige Morgen liegt schon wieder so weit zurück! Ich habe die Nacht auf einem Treppenabsatz verbracht, andere sind ebenfalls aus dem Schlafsaal ausgezogen. Die Betten in der Herberge von Puente la Reina waren wirklich eine Katastrophe. Auf Dauer komme ich aber mit vier bis fünf Stunden Schlaf nicht aus. Ab fünf Uhr früh begannen die Ersten aufzustehen und mit den Plastiktüten zu rascheln. Was ist das jetzt für eine Hektik morgens und was für ein Massenbetrieb! Soll das so weitergehen bis nach Santiago? Gegen sechs Uhr verlassen wir die Herberge und ziehen auf der uralten Pilgerstraße durch die noch völlig verschlafene Altstadt.

Auf dem Weg über die alte Brücke halten Tim und ich inne. Wir wollen noch einmal dieses wunderschöne Bauwerk würdigen. Durch das Tor des Brückenturms werfen wir einen letzten Blick zurück auf die »sirga peregrinal«, über die vor uns schon Hunderttausende gezogen sind. Als wir versuchen, uns zu sammeln, um bewusst in diesen neuen Tag zu gehen, ist es an diesem markanten Ort dann doch zu unruhig: Ein Défilé von Pilgern zieht vorbei, die heute wie wir auf dem Weg nach Estella oder weiter sind. Trotzdem ist es eine gute Idee, zu Beginn der Tagesetappe und nach der Unruhe des Aufbruchs erst einmal wieder innerlich anzukommen.

Wieder ein traumhafter Morgen! Erntereife Kornfelder, so weit das Auge reicht. Ab und zu kleine Dörfer, meist um eine riesige Kirche geschart. Wir wandern auf Feldwegen durch eine weit ausladende Hügellandschaft in Gold- und Ockertönen, über der die Lerchen aus voller Kehle singen. Der Blick in die Ferne ist noch etwas neblig-verhangen. Es duftet nach feuchter Erde und Getreide. Der Boden trocknet allmählich, doch wir finden zahlreiche Gleitspuren. Gestern scheint es hier für Pilger schwierig gewesen zu sein, auf dem tonigen Boden sind sie anscheinend scharenweise ausgerutscht bzw. haben mit den Profilsohlen kiloschwere Tonplacken herausgerissen. Welches Glück haben wir bisher mit dem Wetter!

Teilweise geht es auf einer alten Römerstraße entlang, von der bis heute Pflaster und Randsteine erhalten geblieben sind. Nach und nach mischen sich immer mehr Weinberge zwischen die goldfarbenen Getreidefelder und ich genieße ihr frisches Grün. Gleichzeitig werden die verschieden ocker- und rostfarbenen Böden zunehmend sichtbar. Ich wandere durch eine Landschaft satter, feuchtigkeitsgetränkter Erdfarben, geschmückt mit allen Schattierungen frisch ausgetriebenen Weinlaubs. Doch je höher die Sonne steigt, desto mehr erlahmt auch meine Spannkraft. Nach einigen Stunden bin ich doch ziemlich müde und trotte so vor mich hin, erleichtert, als ich kurz vor zwei schließlich *Estella* erreiche, die »Sternenstadt«.

Wieder eine Legende: Hirten entdeckten an diesem Platz im 12. Jahrhundert durch geheimnisvolle Lichterscheinungen bzw. »einen achtstrahligen Stern« das Gnadenbild der Jungfrau von Puy. Vorher waren die Pilger angeblich eine andere Route, vorbei am Kloster Zarapuz, entlanggezogen. Jetzt wurde von König Sancho Ramirez an der Stelle des »Wunders« eine neue Siedlung angeregt und mit »fueros« (Sonderrechten) ausgestattet, so dass sich auch Fremde, besonders Franken, hier niederließen. Bis ins 14. Jahrhundert sei hier noch »Provencal« gesprochen worden! Der neue Ort lenkte den Pilgerstrom jedoch ab und bedeutete nach und nach den Niedergang des Benediktinerklosters.

Heute Mittag fanden wir die Pilgerherberge schnell, weil sich schon auf der Straße eine Schlange von Rucksäcken und müden Wanderern gebildet hatte, in die wir uns einreihten. Als wir allmählich durch die Türe »vorrücken«, fällt mir gleich der Duft von Räucherstäbchen auf. In der Halle ist irgendeine New-Age-Musik zu hören, ich finde sie ein bisschen zu süßlich, trotzdem tut Musik einfach gut. Die scheinbare Harmonie »platzt« jedoch abrupt, als der selbstherrlich wirkende Hospitalero einen jungen Italiener lautstark verjagt. Ich bin richtig geschockt über dieses Verhalten! Es ist der junge Mann, den ich gestern im Schlafsaal noch meditierend auf dem Bett sitzen gesehen habe. Möglicherweise hatte er nicht die vier Euro, doch das wäre sicher durch eine Sammlung aufzubringen gewesen, wenn wir nur etwas davon gewusst hätten. Als ich draußen nachsehe, ist er schon verschwunden. Eine so grobe Unfreundlichkeit habe ich bisher noch nicht erlebt. Später schaue ich mich nach Gabriel um, dem Mann, der gestern im Bett unter mir schlief und so gar nicht nach einem Pilger aussah. Er fehlt heute. Auch bereits verjagt?

Neben dem Hospitalero steht breitbeinig ein Typ mit einem fast affenartig behaarten Körper, die langen Haare im Nacken zu einem Knoten gebunden und mit dem Nimbus eines Gurus. Er bietet den erschöpften Pilgern

Massagen an. Eigentlich eine gute Idee, doch er gefällt mir nicht. Die Herberge wirkt sonst angenehm. Sie verfügt über einen schönen Innenhof, auch wenn gleich daneben ein Hühnerstall liegt. Das hiesige Pilgerbuch enthält neben Nachrichten und Sinnsprüchen auch manche Zeichnung. Oben im Schlafsaal sind die Etagenbetten in Vierergruppen zusammengestellt. Neben mir wird heute Nacht Sally schlafen, eine circa 40-jährige Amerikanerin, die schier endlos duscht, als ob sie die Einzige wäre. Wieder lange Schlangen und Warterei. Immerhin gibt es warmes Wasser.

Ich wandere etwas ziellos durch das Städtchen, das viel moderner und verkehrsreicher als Puente la Reina erscheint. Riesige alte Paläste werden teilweise renoviert, so die »Casa de la Cultura«. Der Lebensstil der Noblen muss damals schon erstaunlich anspruchsvoll gewesen sein! Immer wieder reizt es mich, einen Blick in die Innenhöfe zu werfen. Manchmal sind es lauschige Plätze mit Blumen oder Bäumen oder kleinen Brunnen, die vielleicht noch den maurischen Einfluss spiegeln, jedenfalls erinnern sie mich etwas an Granada. Doch oft sind es auch Funktionshöfe, in denen Autos oder Mülleimer stehen und Treppen hochführen. Wie spürbar es doch ist, ob Bewohner diesen Höfen etwas Aufmerksamkeit und Liebe schenken oder sie einfach nur benutzen.

Hier im Kreuzgang ist es gerade wunderbar ruhig, eine wahre Oase. Es sind einfach Orte der Stille und des Gebets gewesen, das vermittelt sich bis heute. Ich sitze lange …, erlebe diese tiefen Augenblicke voller Glück und Dankbarkeit!

16. Tag

Estella – Los Arcos (22 km), Dienstag, den 12.6.

Die Nacht in Estella war für mich richtig gut, von abends 11 bis früh um 5 Uhr geschlafen. Nur Tim ist sauer, weil ihn der Hahn schon um 4 Uhr geweckt hat. Leider hatten wir uns am Vorabend für ein Frühstück angemeldet, und in unserer Phantasie saßen wir schon bei Brötchen, Käse und einem weich gekochten Ei. Herbe Enttäuschung: Es gibt nur trockenen Zwieback und Kekse mit Billigmarmelade, dazu etwas Kaffee oder Tee vom Automaten. Wir sind in Spanien!

Mit Philippe gehe ich bis zum Fuß des bewaldeten Montejurra, immerhin über tausend Meter hoch, und zum *Kloster Irache*, einem der ältesten Klöster Navarras. Ich bin überrascht von der riesigen, im 12. Jahrhundert begründeten Anlage, verstehe jetzt aber auch, dass hier bis zum 19. Jahrhundert einmal eine Universität untergebracht sein konnte. Leider ist zu dieser frühen Stunde noch alles verschlossen, selbst die romanisch-gotische Kirche. Besonders schade ist es aber wegen der Weinkelterei, denn hier haben die spendablen Benediktiner-Brüder zwei »Fuentes« (öffentliche Zapfhähne) errichtet, aus denen Wasser bzw. Wein zur Stärkung der Pilger fließt – aber erst ab zehn Uhr, so dass wir enttäuscht weiterziehen.

Wie an fast allen Tagen geht nach und nach wieder jeder für sich alleine. Auch ich trete nach dem morgendlichen Plausch allmählich in die Meditation des Gehens ein. Im gleichmäßigen Rhythmus der Schritte beruhigen und ordnen sich Gefühle und Gedanken. Ich erlebe mich heute ganz wach, gesammelt in mir und weit offen für alles, was mich umgibt.

Seit ich unterwegs bin, habe ich immer weniger das Gefühl, fokussiert zu »sehen« oder zu »hören«, sondern mehr in Achtsamkeit »schauen« und »lauschen« zu lernen, als ob die Instrumente meiner Sinnesorgane immer feiner gestimmt und ganzheitlicher wahrnehmen würden. Doch es sind nicht nur meine fünf Sinne, die erfrischt und ausdifferenziert werden. Zunehmend lerne ich, »mit allen Poren« achtsam zu sein, vielleicht auch mit anderen Sinnen feinsinnig zu werden. »Erst das Schweigen tut das Ohr auf für den inneren Ton in allen Dingen«, sagt Romano Guardini.

Ich spüre, dass immer mehr ein innerer Raum der Stille in mir entsteht, der mich tief berührt in seiner geheimnisvollen Resonanz mit Augenblicken der Stille in dieser überwältigend schönen Natur. »Stille« bedeutet für mich nicht nur, still oder ruhig zu sein – dies ist vielleicht eher der Spalt in der Tür, der es manchmal erlaubt, einzutreten. Vielleicht geht es eher um die »Stille hinter der Stille« oder um den »Klang der Stille«.

Diese Erfahrungen bilden für mich zunehmend den »innersten Kern« des Weges, eine Art Mittel- und Wandlungspunkt. Es kommt mir so vor, als ob sich die vielen Episoden des Unterwegs-Seins wie bei konzentrischen Kreisen mal mehr, mal weniger an der Peripherie darum herum ansiedelten. Trotz der linearen Struktur des Pilgerweges entsteht in mir zunehmend ein Bild ähnlich dem Weg durch ein Labyrinth (keinen Irrgarten!). Auch hier wird eine »Mitte« umkreist, geht es in konzentrischen, spiralförmigen Wegen mal näher, mal wieder entfernter der Mitte entgegen, dem Bereich, der Tod und Transformation symbolisiert – »Stirb und Werde«.

Gerade über diesen »tiefsten Grund« kann ich am wenigsten mitteilen. Laotse benennt es klar: »Wer weiß, spricht nicht. Wer spricht, weiß nicht.« Ich erlebe es als wirkliches Dilemma! Doch soll ich die für mich wichtigsten »Gaben« des Weges einfach übergehen? Nur von den äußeren Aspekten berichten? Das scheint den Erfahrungen die Seele zu nehmen. Doch wie etwas von dem anklingen lassen, was mich so berührt? Eine poetische Sprache scheint mir eher eine Annäherung an dieses »Mysterium« zu erlauben. Besonders Rilke fällt mir immer wieder ein. Auch Gedanken der Mystiker.

Als ich weiterwandere, bin ich tief berührt vom unendlich weiten Blick auf eine fast musikalisch-schwingende Landschaft aus goldfarbenen Hügeln und Feldern. Selbst die wenigen, schmalen Landstraßen in der Ferne, die zu den verstreuten Dörfchen führen, erscheinen rhythmisch geschwungen. Dann gehe ich lange auf den völlig ebenmäßig ansteigenden, kegelförmigen Berg Monjardin zu mit seiner ruinenbewehrten Spitze. Dort oben soll es auch eine Einsiedelei gegeben haben. Welch ein Ort für ein Leben in Einsamkeit und Gebet!

Irgendwann komme ich durch einen lauschigen Korkeichenwald, in dem zauberhaft das Licht spielt. Immer wieder ergreift mich das Gefühl, in einen besonderen Raum der Natur eingetreten zu sein. Ich bleibe stehen, schaue, staune, gehe erst nach einer Weile behutsam weiter. Nach einer Anhöhe erblicke ich durch die Bäume unverhofft weite Wiesen und Felder voll blühenden Mohns, fast bis zu den Bergketten am Horizont. Ich kann mich an dem kräftigen und doch so transparenten Rot kaum satt sehen, halte inne, setze mich ein Weilchen, um diese stille Schönheit eines Frühsommermorgens aufnehmen zu können ...

Es liegt Stille über hauchzartem Mohn,
aus reifenden Feldern errötend ...
Es liegt Stille über seidigem Blau,
schwebende Weiten umhüllend ...
Es liegt Stille über schwingendem Sein,
erblühend im Großen Gesang ...

Lange bleibe ich ins Schauen versunken. Nur schwer löse ich mich, als andere Pilger herannahen und mit Rufen des Entzückens stehen bleiben. Ich lasse ihnen meinen Platz und das Schweigen, das ich genießen durfte. So vieles, was mich beglückt, wie soll ich es bloß halten? Immer wieder bleibe ich heute Vormittag stehen, bin fast trunken von Schönheit. Doch dann verlangt der Weg wieder mehr Aufmerksamkeit und zieht mich allmählich zurück in die tägliche Routine des Wanderns.

Inmitten der riesigen Getreidefelder ist plötzlich ein Dach zu sehen. Als ich näher komme, ist es der mittelalterliche »*Maurenbrunnen*«. Warum er wohl so heißt? Wurde er ursprünglich von ihnen an dieser Quelle errichtet? Einige Jahrhunderte später erneuert? Durch zwei gotische Bögen trete ich in einen großen, schattigen Raum und steige einige Stufen in die Kühle hinab zu einem Tauchbecken voll Wasser. Welche Wonne im Vergleich zu der Hitze, die mittlerweile über der Landschaft brütet! Meine Schritte hallen in dem Gewölbe, ich setze mich ein Weilchen auf die Stufen. Wie belebend ist dieser Ort für erschöpfte Pilger! Mir fällt der Hinweis aus dem Pilgerführer ein, dass es auf zwölf weiteren Kilometern keine Möglichkeit gibt, die Wasserflaschen zu füllen. So ist dieses schattige »Brunnenhaus« eine wahre Oase! Waren nicht die Mauren als Wüstenvolk besonders kundig darin, Wasser in allen seinen Möglichkeiten zu nutzen und gut mit dem kostbaren Nass umzugehen?

Mir fallen die Monate ein, die ich einst in Granada verbrachte. Ich wohnte in einem der uralten Viertel. Dort besaß jedes Haus im blühenden, schattigen Innenhof seinen Brunnen. Auch die weiträumigen Gartenanlagen und Höfe der Alhambra sind überall durch silbrig rieselnde Fontänen und plätschernde Brunnen belebt, bieten Kühlung und Wohlklang für Körper und Seele. In den »Häusern der Heilung« (wie in den altorientalischen Kulturen die Stätten für die Kranken genannt wurden) war der erquickende Singsang des Wassers überall präsent, genauso einbezogen wie die Heilkraft der Musik mit bestimmten Instrumenten und genau benannten Tonlagen und Rhythmen.[13] Selbst in der Musik der Sufis, der Mystiker des Islam, kommt plätscherndes Wasser vor, das mit einem Becher in eine Schale gegossen wird. Im Gefühl der Wüstenvölker scheint Wasser noch stärker als bei uns ein Synonym für Leben überhaupt zu sein.

Nur ungern trenne ich mich von diesem wohltuenden Ort und tauche wieder in die Hitze des Weges ein. Nach und nach verschwinden die Getreidefelder und erneut erscheinen Weinberge auf manchmal rostroter Erde. Es wird so heiß, dass wir beschließen, nur noch bis *Los Arcos* weiterzugehen. Ich ergebe mich dem glühenden Mittag und setze nur noch einen Schritt vor den anderen. Daraus entsteht nach einer Weile wieder eine Art Gehmeditation. Ich summe Lieder, überlasse mich dem Rhythmus, schwelge im weiten Blick über die Hügel und merke auf diese Weise kaum, wie die Zeit verstreicht.

In dem kleinen Ort angekommen, scharen sich auch hier die Häuser um eine heute viel zu große Kirche mit mächtigem Renaissance-Turm. Offenbar wurden diese riesigen Kirchen für die Tausenden von Pilgern gebraucht, die hier früher vorbeizogen. Wir sind heute früh, dank der kleinen Etappe, und werden in der Herberge von einem älteren und sehr sympathischen Ehepaar der flämischen Jakobsgesellschaft empfangen. Sie leisten hier gerade für zwei Wochen ihren Dienst.

Als wir abends in der riesigen Kirche stehen, leiert der Dorfgeistliche die Andacht dermaßen schnell und unbeteiligt herunter, dass wir irritiert hinausgehen. Ich fühle mich einfach nicht wohl in diesen barock überladenen Kirchenräumen mit den monumentalen, vergoldeten Altären. Sie strahlen für mich weniger christliche Werte aus als den Reichtum und die Macht der Institution Kirche, dazu die Ausplünderung lateinamerikanischer Kulturen. Nicht umsonst sprach man damals von »Blutgold« und »Todessilber«! Schade, ich erinnere mich nicht mehr an das Dorf, in dem uns ein alter Mann voller Stolz über seine Kirche beiseite winkte und uns zeigte, welch wunderbare gotische

Fresken gerade hinter einem dieser riesigen, vergoldeten Barockaltäre gefunden worden waren.

Johannes Tauler (ca. 1300–1361), Mystiker und Dominikanermönch, spricht zwar über den »Tempel der Seele« in einem jeden Menschen, doch genauso könnten seine Worte für die Stein gewordenen Tempel oder Kirchen gelten:

> Der Mensch lasse die Bilder der Dinge ganz und gar fahren und mache und halte seinen Tempel leer. Denn wäre der Tempel entleert, und wären die Phantasien, die den Tempel besetzt halten, draußen, so könntest du ein Gotteshaus werden, und nicht eher, was du auch tust (...)[14]

17. Tag

Los Arcos – Viana (18,5 km), Mittwoch, den 13.6.

Die Nacht in Los Arcos war grauenhaft! Trotzdem fange ich mich ja immer wieder, wenn ich durch den herrlichen Morgen wandere. Wie immer in der Frühe wirft mir die noch niedrig hinter mir stehende Sonne meinen lang gezogenen Schatten vor die Füße, der sich dann im Verlauf des Tages immer mehr verkürzt und auf die rechte Wegseite hin verlagert. Bei gutem Wetter fast jeden Tag das gleiche Spiel, so klar läuft der Camino nach Westen.

Heute gab es ein wirkliches Kleinod: Die im 12. Jahrhundert erbaute, achteckige Kirche Santo Sepulcro (Heiliges Grab) oben auf dem Hügel mitten im Ort *Torres del Rio*. Wurde diese Kirche vom gleichnamigen Ritterorden in Erinnerung an die Grabeskirche in Jerusalem errichtet?

Oder von den Templern in ihrer Funktion, die Pilger zu schützen? Vom schmalen Treppenturm her wurde im Mittelalter ein Licht im niedrigen Turmaufbau (der sogenannten Laterne) der Kuppel angezündet, das Pilgern in der Dunkelheit den Weg weisen sollte, zumal sie am Fuße des Hügels noch den Fluss überqueren mussten.

Es ist zwar immerhin schon nach acht Uhr früh, als wir im Ort die schmale Straße hochsteigen, doch das Dorf wirkt noch völlig leer und verschlafen. Nach einigem Zögern trauen wir uns trotzdem, bei der Frau anzuklopfen, die, wie an der Kirche zu erfahren ist, den Schlüssel aufbewahrt. Wir wussten nicht, dass wir sie wecken würden. Wegen der wieder früh einsetzenden Hitze (in den letzten Tagen immer um die 30 Grad) hätten wir fast nicht die halbe Stunde (!) gewartet, bis sie schließlich erschien. Als sie dann aber aufgeschlossen hatte, wurde ich innerlich ganz still angesichts der Schönheit und harmonischen Ausgewogenheit dieser im reinsten romanischen Stil errichteten Kirche.

Eigentlich ist der achteckige Innenraum völlig leer bis auf ein anrührendes, gotisches Kreuz mit dem leidenden Christus in einer kleinen Apsis, von beiden Seiten durch zwei kleine Alabasterfenster sanft erhellt. Diese Kirche vermittelt mir eine große spirituelle Dichte. Der Blick wird durch die Proportionen des Raumes und schmale, obere Fenster hochgeführt in ein halbkugelförmiges Deckengewölbe (ähnlich dem in der Kirche St. Croix in Oloron-Ste.-Marie): Oben entspringen mittig zu jeder der acht Ecken zwei anmutige Rippenbögen, die wieder in die drittnächste Mitte einmünden. Jeder Bogen ist dabei etwas abgeflacht, so dass die Schnittpunkte aller Bögen in der Mitte des Gewölbes einen weich schwingenden, achteckigen Stern bilden, was maurischer Ornamentik entspricht. Die acht Rippenbögen laufen neben schmalen, hohen Fensterchen nach dem Gewölbe aus. Im Gegenlicht leuchtet in jedem von ihnen ein filigranes, ornamentales »Gitter« aus kunstvoller Steinmetzarbeit, die Kuppel erstrahlt in mildem Licht. Ich erlebe in dieser Kirche eine große Klarheit und »Reinheit«, mit einer Hinwendung zur Höhe, zu dem, was uns übersteigt.

Bewegt und belebt von diesem wunderbaren Ort wandere ich weiter. Wie schön könnte es sein, hier gregorianischen Gesängen zu lauschen oder selbst darin zu singen.

Die Hügel werden nach und nach flacher, manchmal ist in der Ferne schon Logroño zu sehen. Wir laufen fast nur noch durch Weinberge. Straßen und Verkehr nehmen allmählich zu. Wir beschließen, heute Nacht in Viana zu bleiben, uns zieht nichts in die Großstadt. Philippe und Jean-Philippe werden weiterwandern. Sie müssen einen Tag früher als wir in Santiago sein und haben sich den Weg »durchgerechnet«. Das verwirrt mich, ich hatte so etwas wie Termindruck schon fast vergessen. Doch der Hinweis ist wichtig, vorhin habe auch ich mir einen Überblick verschafft und daraus ergeben sich nur zwei Möglichkeiten: entweder längere Etappen gehen, das heißt, meist meine Kraftgrenzen verleugnen müssen – oder irgendwann mal trampen oder eine Strecke mit dem Bus nachholen. Die letzte Lösung liegt mir mehr, aber jetzt kann ich es ja noch offen lassen.

Besonders der Abschied von Philippe schmerzt. Die Menschen, die mir über einige Tage vertraut wurden, wecken in mir Gefühle von Freundschaft und fast schon »Zugehörigkeit«, und das ist auf dem Weg so etwas wie zwischenmenschliche »Heimat«. Mich wundert es nicht, dass sich heute wie früher offene Pilgergruppen bilden, die solidarisch aufeinander bezogen sind. Auch die »Pilgerpost« am Weg zeugt davon: Immer öfter finden wir Zettel mit einem Namen, an einen Baum gepinnt oder zwischen markante Steine geklemmt. Die Pilgerbücher in den Herbergen sind voll von Nachrichten und witzigen Briefchen oder Begebenheiten, die erzählt werden, zum Teil auch als Zeichnung oder Karikatur. Und ab und zu gibt es auch eine anonymisierte Liebeserklärung mitten auf dem Camino, wie etwa neulich: ein aus Steinen gelegter, deutlich erkennbarer Mann mit einer roten Mohnblüte als Herz!

Philippe, der mir viel bedeutet, und Jean-Philippe heute Mittag in Viana weiterziehen zu lassen heißt im Klartext, nicht zu wissen, ob wir uns je wieder sehen werden. Wieder eine Übung des Loslassens. Zu unserer Überraschung kommen wir in ein richtiges Städtchen, auf einer Anhöhe gelegen, mit einem weiten Blick von einer parkähnlichen Terrasse über das Tal des Ebro. Gegenüber der Herberge gibt es eine riesige Kirchenruine, in die ich mich jetzt zurückgezogen habe, um Tagebuch zu schreiben. Die Herberge selbst ist in einem schön renovierten, palastähnlichen Gebäude eingerichtet. Ich genieße die großen und hohen Räume. Ihr Nachteil: Hier gibt es sogar dreistöckige Betten! Ich quartiere mich unten ein in der Hoffnung, dass es dort nachts weniger schwankt. Meine Erdbeben-Erfahrungen aus Chile und Peru sind offenbar tief in mein Unbewusstes eingedrungen und lassen mich aus dem tiefsten Schlaf hochschrecken, wenn der Boden schwankt, auf dem ich stehe oder liege. Auch Ursula ist angekommen, ich registriere es seufzend und überlege kurz, sie eine halbe Etappe vorgehen zu lassen, um nicht immer vor ihren Schnarch-Orgien fliehen zu müssen.

Ab 17 Uhr füllt sich die Plaza mit Menschen, die ganze Stadt wird lebendig. Da sitzen die alten Männer in einer Ecke auf ihren Bänken oder in der nahe gelegenen Bar, lesen Zeitung oder diskutieren heftig. Die älteren Frauen haben sich in einer anderen Ecke des Platzes zusammengetan, fast jede mit einer Handarbeit, und schwatzen ebenfalls. Jüngere Mütter mit Kleinkindern hocken etwas blass in wieder einer anderen Ecke, stopfend oder im Gespräch mit anderen. Und durch alle Gruppen toben die Kinder mit ihren Bällen oder Rollern. Ich entdecke zwei kleine Jungen in ein Stierkampf-Spiel vertieft: Der eine rennt mit einem »Stier« (zwei Hörner vorne auf ein Kinderrad montiert) auf den anderen zu, der ihn als »Torrero« zu täuschen und dann zu attackieren versucht. Es herrscht ein wildes Stimmengewirr und riecht nach prallem Leben.

18. Tag

Viana – Navarrete (22 km), Donnerstag, den 14.6.

Wieder eine schlechte Nacht! Auch Ursula (»der Pilger-
schreck«, wie gesagt) kam auf die Idee, den schwankenden
Betten zu entfliehen, und legte sich ausgerechnet in meine
Nähe ins Treppenhaus – einem idealen Resonanzraum für
ihre Schnarcherei, die somit durchs ganze Haus dröhnte.
Schließlich bin ich mit meiner Matte in die Küche geflohen.

Wieder ein strahlend schöner Morgen! Vor unserem
Aufbruch sind wir in die Kirchenruine hinübergegangen
und haben dort eine kurze Meditation gehalten, das war
gut! Wir hatten heute *Logroño* zu durchqueren, die Hauptstadt von Rioja. Anfangs ging es noch an einem Natur-
schutzgebiet um den kleinen Stausee *Embalse de las Cañas*
vorbei und weiter durch Rebenfelder. Wein wurde hier
schon im Mittelalter angebaut. Es ist ja äußerst angenehm,
leicht abwärts zu gehen, wenn der schwere Rucksack von
hinten noch sachte zu schieben scheint. Dann allmählich
mehr Straßen, mehr Verkehr, Dörfer, die schon fast an Vororte erinnern. In einem erwartet die schon über 70-jährige
Doña Felisa die Pilger – bereits in allen Führern aufgeführt.
Sie steht offenbar seit Jahren im Schatten eines Feigenbau-
mes vor ihrem Häuschen, bietet den Pilgern ihren Stempel
für den Pilgerausweis und etwas Mandelbrot oder Feigen
gegen eine »Spende« an und bittet sie, sich in ihrem
dicken Pilgerbuch zu verewigen, das auch Grundlage für
ihre »Statistik« ist. Daraus geht hervor, dass im Vorjahr
über 17 000 Pilger hier angehalten und sich eingetragen
haben. Als Herkunftsort finden wir die entferntesten Län-
der, zum Beispiel Südafrika, Brasilien, die Philippinen. Ja,

es stimmt! Auf dem Camino sind Menschen aus der ganzen Welt zu treffen.

Der Lärm nimmt immer mehr zu, wir kommen in die Nähe von Schnellstraßen, die Autos rasen vorbei. Ich merke, wie geräusch- und geruchsempfindlich ich geworden bin. Die Rushhour wirkt auf mich extrem hektisch und anstrengend, wo ich während des Wanderns doch gerade die Bedeutung der Langsamkeit entdeckt habe. Eigentlich möchte ich möglichst bald wieder aus der Großstadt raus. Mich irritieren diese Ausformungen unserer Kultur. Nachdem wir endlose Straßen entlang gewandert sind und das Getöse immer mehr zunimmt, steigen wir schließlich in einen Bus, der uns in ein paar Minuten zum Ufer des Ebro bringt, dem größten Strom Spaniens.

Wir wandern über die breite Brücke und fädeln uns auf der Rua vieja, der ehemaligen sirga peregrinal (Pilgerstraße), in die Altstadt ein. Zum ersten Mal fallen uns überall auf den Kirchen Storchennester auf, bisweilen ist jeder Vorsprung besetzt. Außerdem finden wir gehäuft Darstellungen des Apostels Jakobus (Santiago) als »matamoro«, als »Maurentöter«. Er scheint hier besonders in dieser Rolle als Schutzheiliger der Reconquista, der Wiedereroberung Spaniens von den Mauren, verehrt zu werden. Vielleicht ist dieser Akzent hier so stark vertreten, weil die Burg von Clavijo nur 18 Kilometer entfernt liegt: Bei einer historisch nicht ganz bewiesenen Schlacht gegen die Mauren um den »Tribut von hundert weißen Mägdelein« (um 844) hat angeblich Santiago als »weißer Ritter« in letzter Minute den zögerlichen Truppen des Königs Ramiro I. von Asturien zum Sieg verholfen. Dass diese

»Mägdelein« schließlich doch nicht ausgeliefert werden mussten, verdanken sie vielleicht genauso der aus Verzweiflung geborenen List von Sancha, einer von ihnen. Angeblich habe sie in ohnmächtiger Wut begonnen, sich vor den tatenlosen Spaniern zu entblößen und sie mit Schmähreden zu provozieren, so dass ihr Verlobter, einer der Ritter, mit seinem Gefolge schließlich verzweifelt den Kampf gegen die Araber begann – und fast verloren hätte, wäre nicht der »weiße Ritter« erschienen.

Obwohl ich durch die verkehrsberuhigte Altstadt bummle, nehme ich nach drei Wochen auf dem Camino die Reizüberflutung durch eine ganz normale Großstadt so verstärkt wahr, dass ich keine Lust habe, mich hier länger aufzuhalten. Deshalb wandere ich ohne Pause geradewegs wieder aus Logroño hinaus.

Endlich gelange ich wieder auf Gehwege, die mich in Richtung des Sees *Pantano de la Grajera* bringen. In einem angenehmen Naherholungsgebiet mit Pinienwäldchen mache ich Rast und schlafe wunderbar auf einer Holzbank. Kurz darauf sehe ich eine englische Pilgerin in ihr Diktiergerät sprechen: Wie ich später höre, ist sie Journalistin und macht ein Feature über den Jakobsweg. Ein Teil von mir beneidet sie um das Gerät: In den letzten Tagen hatte ich so viele Gedanken, die mir wichtig erschienen und die ich gerne aufgezeichnet hätte. Teilweise war mein Kopf so klar, dass ich das Gefühl hatte, ich könnte gleich druckreif diktieren. Doch um ein paar Stichworte auf meinen Mini-Block zu notieren, muss ich jedes Mal das Gehen unterbrechen. Nach einer Weile hat mich dieses »stop and go« völlig aus dem Rhythmus gebracht und ich habe es gelassen. Nachmittags bin ich in der Regel zu erschöpft, um große Gedanken zu formulieren. So bin ich gezwungen, auch dies wieder als Übung des Loslassens zu akzeptieren. Ich erlebe es schon als Opfer, doch versuche ich, mich notgedrungen in diesen Prozess reinzugeben.

Die Sonne strahlt in unerbittlicher Kraft und Klarheit von einem wolkenlosen Himmel. Es hat sicher über 30 Grad im Schatten. Kurz vor *Navarrete* sind meine Kräfte erschöpft. Deshalb bin ich erleichtert, als ich am Rande eines Maisfeldes sowohl einen dicht belaubten, Schatten spendenden Strauch als auch einen kleinen Bewässerungskanal finde. Denn eine Lektion befolge ich eisern: Wenn die Strümpfe schweißnass werden, müssen Schuhe und Füße ausdampfen und trocknen. Hier kann ich die Füße sogar kurz in kaltes Wasser halten! Ich ruhe halb versteckt aus, während andere schwitzend vorbeiziehen.

Erquickt erreiche ich dann wenig später die schöne historische Altstadt von Navarrete. Leider ist es jetzt so spät geworden, dass schon Siesta herrscht, nichts ist mehr offen bis circa 17 Uhr. Daran hatte ich nicht mehr gedacht. Es wird also kein Mittagessen für mich geben, die Rast im Schatten hatte ihren Preis. Doch in der Herberge habe ich Glück: Der Hospitalero trägt mir sogar den schweren Rucksack die steile Treppe hoch, so viel Entgegenkommen habe ich bisher noch nie erfahren. Und die Hospitalera erbarmt sich meiner und bietet mir etwas von ihrem Essen an. Sie und ihr Mann kommen aus Granada, beide sind Professoren an der dortigen Universität und betreuen die Herberge für zwei Wochen (wie die meisten Hospitaleros). Tim trifft erst am Spätnachmittag schweißgebadet ein. Wie gut, dass ich ihn angemeldet habe, denn plötzlich ist alles belegt und einige müssen erschöpft weiterziehen.

Abends wird in der Herberge ein wunderbarer Wein dieser Gegend an alle Pilger ausgeschenkt. Es sei eine Gabe von einem sterbenskranken Mann, der hier ein Gut habe. Welche Geschichte eines Menschen wirkt hier im Hintergrund? Und welche Hoffnung? Mich rührt diese Geste sehr.

19. Tag

Navarrete – Azofra (23 km), Freitag, den 16.6.

Wir werden heute in einer privaten Unterkunft schlafen und haben ein Doppelzimmer, welch ein Luxus von Zweisamkeit! Doch der Reihe nach:

Auch in Navarrete wurde die Herberge gegen 22 Uhr geschlossen. Zwar baten die Hospitaleros darum, nicht vor 5 Uhr früh aufzustehen, doch gegen 4.30 Uhr begann unvermeidlich irgendjemand damit, seinen Rucksack zu packen, und damit werden dann meist alle anderen wach. Immerhin habe ich gut geschlafen. So ging es früh los, wieder in einen prickelnd-frischen Morgen. Wie liebe ich diese frühen Stunden!

Schöne Feldwege durch Getreide- und Weinfelder in Richtung Nájera. Manchmal sind die Wege jetzt allerdings von geröllartigen, rundlichen Steinen aller Größen bedeckt. Sie erzwingen, auf den Boden zu schauen und den Blick nicht mehr in die Weite schweifen zu lassen, weil man sonst leicht umknicken und sich verletzen kann. Während ich dieses Übel notgedrungen in Kauf nehme und mich so vorwärts arbeite, halte ich plötzlich erstaunt inne: Der hier steiler ansteigende Weg ist hinter einer Biegung plötzlich freigeräumt und an den Seiten türmen sich in Mengen die lustigsten Steinmännchen, wie sie auch im Himalaja als Wegzeichen errichtet werden. Die Idee finde ich faszinierend und lustvoll gleichermaßen. Auch ich ergreife einige noch herumliegende Geröllbrocken und baue Steinmännchen, obwohl mir der Rucksack beim Bücken fast über den Kopf rutscht. Als ich weitergehe, habe ich so viel Freude an den vielen unterschiedlichen Türmchen zu allen Seiten, dass ich vergnügt und gar nicht erschöpft auf der Höhe ankomme. Ja, wenn jeder nur das tut, was ihm möglich ist, und alle ein wenig anpacken, was könnten wir in dieser Welt alles verändern!!!

Heute ist irgendwie ein witziger Tag – oder vermittelt sich diese überraschend heitere Energie der Steinmännchen weiter? Unterwegs steht an einem Feldweg passenderweise ein alter Fernseher mit der portugiesischen Aufschrift aus getrocknetem Schlamm: Bom Caminho! (Guter Weg!). Kurz vor Nájera komme ich an einen kleinen Felsbrocken, der wieder das gelbe Wegzeichen trägt, und darauf steht wie ein Denkmal des mühsamen Wanderns ein zerschlissener Bergschuh, den ein Pilger offenbar weggeworfen hat. Tim sitzt grinsend in der Nähe, er hat es so arrangiert. Am Eingang von *Nájera* finden wir an einer Hauswand in großen Lettern: »Pelegrino = in Nájera Nájerino!« Das soll wohl ein Willkommensgruß sein, sinngemäß: Pilger, in Nájera bist du einer von uns! Auch eine nette Idee.

Das heute von Franziskanern geführte *Kloster Santa*

Maria la Real ist unübersehbar. Wieder geht seine Gründung auf eine Legende zurück: Angeblich war Mitte des 11. Jahrhunderts König Garcia III. bei der Jagd seinem Falken in eine Höhle nahe dem heutigen Kloster gefolgt und sah ihn dort friedlich zusammen mit einem Rebhuhn vor einer Marienstatue sitzen. Daraufhin stiftete Garcia dieses Kloster, in dem seither die Statue verehrt wird. Der spätgotische Kreuzgang ist zwar ein Schmuckstück, doch das Kloster bleibt mir heute fremd und fern.

Je erschöpfter ich bin, desto schwerer erscheint mir der Rucksack, besonders in den heißen Mittagsstunden. Unter diesem Aspekt rächen sich Besichtigungen immer. Die Kilometer bis Azofra ziehen sich! Von oben brennt die Sonne, von unten röstet mir der heiße Asphalt die Schuhsohlen. Endlich kommen wir an und finden gleich neben der Kirche die Pilgerherberge in einem uralten Haus. Die Küche mit altem, offenem Kamin ist sehr gemütlich und einladend, dafür quietschen die Hochbetten erbärmlich. Zufällig hören wir, dass hier ein ehemaliger Pilger, Roland aus Aachen, auch Zimmer in seinem Haus vermietet, und wir entscheiden uns dafür. Er scheint sich über Gäste zu freuen und versorgt uns mit zahlreichen Informationen über den Weg. Auch Annika aus Köln, die schon seit Le Puy auf dem Camino ist, stößt noch zu uns. Sie geht den Weg aus Dankbarkeit fünf Jahre nach ihrer Krebserkrankung. Tim merkt jetzt erst, dass er in Navarrete sein T-Shirt auf der Leine hängen gelassen hat. Er ruft in der Herberge an und bittet darum, ob ein Fahrradpilger es in Azofra in der Herberge abgeben könnte. Wenige Stunden später hat er es wieder!

Nach einer Siesta wandern wir unbeschwert, ohne Ruck-sack, die fünf Kilometer zum Zisterzienserinnen-Kloster aus dem 13. Jahrhundert in Cañas. Wohltuende Klarheit in der Kirche, da nur Ornamentik erlaubt ist. Im Kapitelsaal steht das Grabmal der Seligen Urraca Lopez de Haro, ebenfalls aus dem 13. Jahrhundert. Auf der Deckplatte ist die Selige Urraca dargestellt, seitlich auf einem Figuren-sims Nonnen und Mönche. Das Ungewöhnliche ist: Alle gehen oder stehen andächtig hintereinander aufgereiht, aber hinter der letzten Nonne scheint der folgende erste Mönch diese neckisch anzutippen, jedenfalls dreht sie keck lächelnd den Kopf nach ihm. Humor im Mittelalter.

Einen Ausflug zum berühmten Kloster San Millán de Yuso und zum Bergkloster Suso schaffen wir nicht mehr, schade, es ist schon zu spät, um in dieser einsamen Gegend mit einer Mitfahrgelegenheit zurück rechnen zu können. – Abends haben wir dafür einen netten Plausch mit Roland und Annika. Sie erzählt viel von den Unterschieden zwi-schen dem spanischen Camino und dem Jakobsweg durch Frankreich. Und Roland ist fast nicht zu bremsen, doch wir sind dankbar für seine Hinweise. So empfiehlt er uns zum Beispiel dringend, die nächste Station in Grañón bei Padre Ignacio zu machen, das sei eine ganz besonders Herberge, nämlich im ersten Stock einer Kirche. Wir sind gespannt. Als es kühler wird, merke ich, dass ich mein langärmliges Hemd irgendwo vergessen habe. Ich rufe im Kloster an, frage die Nonne von der Pforte, ob es zufällig gefunden worden sei. Sie weiß von nichts. Ob sie vielleicht schauen könnte, ob es noch auf der Bank vor dem Eingang liege. Die Antwort: »Wir sind ein kontemplativer Orden und schauen nicht nach draußen.« Ich bin sprachlos! Morgen soll ich noch einmal anrufen, wenn jemand im Kiosk sitzt. Oder habe ich es im Auto des Priesters liegen gelassen, mit dem wir zurückgetrampt sind? Ich habe doch nur dieses eine Hemd für unterwegs!

20. Tag

Azofra – Grañón (22,5 km), Samstag, den 17.6.

Ich sitze in einem Glockenfenster des Kirchturms, über mir flattert trocknende Pilgerwäsche.

In Azofra heute Nacht habe ich richtig gut geschlafen! Roland hat uns wirklich um fünf Uhr geweckt (wegen der Hitze wollten wir früh los) und wir frühstücken noch mit ihm zusammen. Danach mit Tim und Annika in den kühlen Morgen Richtung Santo Domingo de la Calzada. Allerdings fehlt mir mein Hemd und ich friere. Es geht wieder über endlose Felder, doch morgens ist der Rucksack irgendwie leichter und wir kommen gut vorwärts. Gemüseanbau und Weinberge wechseln sich hier ab, langsam wird es wieder hügeliger und wir müssen manche Anhöhe ersteigen. Doch irgendwann erspähen wir in der Ferne den »schönsten Barockturm der Rioja« (70 Meter hoch, heißt es im Führer!), nach und nach nehmen Straßen und Verkehr zu und bald liegt der Marktflecken *Santo Domingo de la Calzada* vor uns.

Warum »calzada«? Es bedeutet so viel wie »gepflasterter Weg« und hat mit dem Heiligen Domingo zu tun, von dessen Leben zahlreiche Wunder berichtet werden. Um 1019 im nahe gelegenen Dorf Viloria geboren, lebte er offenbar anfangs als Einsiedler in den dichten Wäldern um den Rio Oja. Hier verirrten sich immer wieder Pilger, so dass er in tätiger Nächstenliebe beschloss, Wege anzulegen oder zu verbreitern (calzadas!) und Furten und Brücken auszubauen. Da von den Pilgerströmen auch die Bevölkerung und der König profitierten, wurde er von ihnen unterstützt: Der König stellte eines seiner Landhäuser als Pilgerherberge zur Verfügung (das heutige Parador-Hotel). Händler siedelten sich im Umkreis an und so entstand der heutige Ort um 1044 und erhielt schließlich noch ein Pilgerhospital und die steinerne Brücke. Ende des 11. Jahrhunderts wurde mit dem Bau der Kathedrale begonnen. In ganz Europa wurde dieser Ort jedoch durch die Legende vom »Hühnerwunder« bekannt:

Ein Pilgerpaar mit noch jugendlichem Sohn aus Deutschland nächtigte in einer der hiesigen Herbergen, wo eine Wirtstochter ein Auge auf den jungen Mann warf und ihn offenbar verführen wollte. Sie erhielt aber einen Korb. Um sich zu rächen, gab sie unbemerkt einen Silberbecher in sein Gepäck. Der vermeintliche Diebstahl wurde entdeckt, der herbeigerufene Richter verurteilte den Sohn zum Tod am Galgen. Die Eltern kehrten nach Vollstreckung der Strafe noch einmal zurück (teils heißt es auch: Auf dem Rückweg von Santiago!), da finden sie ihren Sohn noch lebend, und es heißt: Santiago (oder auch Santo Domingo) habe ihn »gestützt«. Sie hasten zum Richter mit der Botschaft dieses Wunders. Der sitzt gerade bei seinem Mittagsmahl, gebratenem Geflügel. Und jetzt wird überliefert, dass er ausgerufen haben soll: »Euer Sohn ist so lebendig wie diese frisch gebratenen Hühner auf meinem

Teller wieder lebendig werden!« Kaum hatte er's gesprochen, da schlug das Huhn mit den Flügeln und der Hahn krähte! Diese Geschichte sprach sich überall herum und fand in zahlreichen Jakobskirchen in ganz Europa ihre bildliche Darstellung.

Neben der Jakobsmuschel wurde eine weiße Hühnerfeder von Santo Domingo de la Calzada zum gefragten Mitbringsel vom Pilgerweg. Denn: In der Kathedrale gibt es bis heute einen gotischen »Hühnerschrein« zu betrachten, in dem (wöchentlich wechselnd) ein weißes Hühnerpaar zu finden ist. Wirklich ungewöhnlich für einen Kirchenraum, wenn während einer Messe der Hahn kräht! Doch angeblich bringt es Glück, weil es an ein Wunder erinnert. Als ich davorstehe, kräht der Hahn leider nicht.

Gleich darauf suche ich die Pilgerherberge auf in der Hoffnung, dass ein Fahrradpilger oder vielleicht der Priester, der uns abends mitgenommen hat, mein Hemd abgegeben haben könnte. Nein, nichts da. Doch der Hospitalero ist ein Chilene und wir kommen gleich in ein intensives Gespräch über die Ereignisse von 1973 in Chile, die auch ich miterlebt habe. Er lebt seit dem Pinochet-Putsch in Bilbao. Danach ist er so freundlich, mich zum hiesigen Kloster der Zisterzienserinnen zu begleiten, die in ihrem Schwesterhaus in Cañas anrufen und – das Hemd wurde gefunden! Doch wie nach Cañas kommen? Kein Problem! Der Hospitalero, der den Chilenen ablösen wird, ein Deutscher, steht schon neben ihm, hat ein Auto und auch gerade Zeit. Er fährt mich netterweise den langen Weg hin und auch wieder zurück. Wie gut hat sich das alles gefügt! Ich bin wirklich froh, mein einziges Hemd zurückzuhaben, treffe Annika in einer der Marktstraßen und vollführe zur Überraschung der Umstehenden mit dem Hemd einen spontanen Freudentanz.

Tim ist schon die sieben Kilometer nach Grañón vorausgegangen und ich folge, gut gestärkt durch einen kleinen Einkauf. Warum gibt es so vieles nur als Vierer- oder Sechserpack? Wie gut, dass ich es mit Annika aufteilen kann. Wieder zieht sich das letzte Stück in der Mittagszeit, zu allem Überfluss geht es auch noch über eine Stunde auf einer belebten Nationalstraße entlang. Die dicht vorbeirasenden Laster und schlenkernden Anhänger erschrecken mich nicht nur, der Windstoß, den sie verursachen, fegt mir auch fast regelmäßig die Mütze vom Kopf. Manchmal halte ich meinen Stock seitwärts, damit sie mir nicht zu nahe kommen, bis mir bewusst wird, dass ich mich nur selbst damit gefährde. Ich bin heilfroh, als der Weg wieder abbiegt und ich bald in *Grañón* ankomme.

Es ist schon seltsam, zu einer Pilgerherberge die knarrende, alte Holztüre eines Kirchturms zu öffnen, die schmalen Treppen hochzusteigen bis über das Gewölbe des spätgotisch wirkenden Seitenschiffs und dann unvermittelt in einen freundlich wirkenden Raum mit altem Kamin einzutreten, dessen spitzbogigen Fenster zum Mittelschiff hin – Kirchenfenster aus Alabaster, wie überall bisher in Spanien – fast bis zum Boden reichen. Freundliches Stimmengewirr vom langen Tisch: Vielleicht zwanzig Pilger sitzen dort und es duftet köstlich. Sonja, eine Brasilianerin wie sich herausstellt, hat heute ihren »Dienst« als Hospitalera angetreten und einen großen Topf Gemüsesuppe gekocht. Sie ist selbst gerade von Santiago zurückgekehrt, war auf dem Hinweg aber so begeistert von dieser Herberge, dass sie spontan anbot, ihre verbleibenden zwei Wochen in Europa hier Dienst zu tun, vielleicht besser: zu dienen.

Dienen: Dies trifft es mehr, was diejenigen leisten, die eine Herberge betreuen. Sie sind in der Regel von 5 bis 22.30 Uhr auf den Beinen. Vormittags werden alle Räume und Bäder gesäubert (oft auch desinfiziert, man kann es noch riechen). Während der Siesta ist dann gerade Hochbetrieb wegen der eintreffenden Pilger, die mit Name, Adresse, Nationalität etc. in ein Buch eingetragen werden, bezahlen und einen Stempel in ihren Pilgerpass bekommen. Danach gibt es die kleinen Wehwehchen, die verarztet werden wollen (insofern dient bis heute eine Herberge auch ein wenig als Ambulanz – das Wort Hospital leitet sich auch von den mittelalterlichen Hospizen ab!). Genauso gilt es, für Pannen eine Lösung zu suchen oder Informationen zu geben. Bis spät abends trudeln noch vereinzelt Pilger ein, besonders Fahrradpilger. In Dörfern ohne Läden werden in den Herbergen meist ein paar Lebensmittel verkauft (immer wieder: Spaghetti, Gemüse- oder Fleischkonserven, Hülsenfrüchte, Suppentüten, vielleicht auch etwas H-Milch. Frisches Gemüse und Obst fehlen grundsätzlich. Kein Wunder, dass die Wildkirschenbäume am Wegesrand in erreichbarer Höhe alle abgeerntet sind. Ich habe begonnen, entlang des Weges nach Kräutern Ausschau zu halten, die das eintönige Essen etwas würzen könnten. Auch unser Frühstück, altes Brot in Milch getunkt, ist in abgelegenen Herbergen nicht immer zu haben). Bis 8 Uhr früh müssen alle Pilger das Haus verlassen, dann wird es bis 12 oder 13 Uhr geschlossen und gereinigt.

Dass Sonja heute als Einstand für alle gekocht hat, ist allein schon einmalig auf unserem Weg. Selbst Annika und ich profitieren noch von einem kleinen Rest Suppe und Kleinigkeiten vom gestrigen Abendessen. Auch Padre Ignacio ist gekommen, auf dessen Initiative wohl diese Herberge entstanden ist, Dank sei ihm.

Nachmittags finden wir ein Tischleindeckdich mit Kaffee, Tee und Keksen. Noch nie sind wir so verwöhnt worden! Tim greift zur Gitarre, die neben dem Kamin liegt, und spielt für alle. Und wo kann man in dieser Herberge Wäsche aufhängen? – Im Glockenturm bzw. zwischen Dach und dem Gewölbe des Mittelschiffs! Es ist spannend, eine alte Kirche so häuslich zu bewohnen und sich immer wieder in den kleinen Treppchen zu verlaufen.

Der Bummel durchs Dorf zeigt, dass hier keine reichen Bauern wohnen. Viele Häuser stehen leer, die Menschen sind abgewandert. Immerhin gibt es einen Laden, um den Proviant für den nächsten Tag zu besorgen: Brot, Milch und eine Dose Thunfisch, auch ein paar Äpfel fürs Frühstück (sonst sind sie zu schwer!). Die Devise ist: Was hat Substanz bei möglichst geringem Gewicht. Hier kaufen wir auch für das gemeinsame Abendessen heute ein. Eine Kanadierin und ein Franzose werden kochen, während wir abends in der Pilgermesse sind.

Später:

Das war schon ein bewegender Abend! Die Pilgermesse hielt der Hospitalero, der morgen abreist: ein kolumbianischer Priester. Der kleine, sprühende, geistig und menschlich so kraftvolle Mann gleicht mehr einem grauschopfigen Gnom. Er verfügt über ein großes Herz und eine wunderbare, warme Stimme. Neben ein paar alten Frauen aus dem Dorf sind fast alle Pilger bei der Andacht versammelt, auch das habe ich noch nie erlebt bisher. Beim Vaterunser bittet er uns, es in unseren Sprachen laut zu beten. Dann hält er eine kurze, eindrückliche Predigt über das Brot, das wir (als Hostie) teilen wollen, und die Armut in der Welt, die durch mangelndes Teilen bzw. nicht geteiltes Brot entsteht. Und während er die Kommunion austeilt, singt er mit mächtiger Stimme dazu.

Als wir dann hochkommen, staunen wir nicht schlecht: ein wunderschön gedeckter Tisch mit Servietten!!!, vollen Schüsseln und Platten: Spaghetti, Salat, Wurst, Thunfisch, etwas Gemüse und Käse, alles, was ein Pilgerherz freut, und dazu noch guten Landwein aus Rioja! Und der Höhepunkt: als Nachtisch zwei Mandelkuchen, von Sonja frisch aus Santiago mitgebracht. Ein wahres Festessen! Kaum finden alle Platz um den riesigen Tisch, doch das macht nichts. Wieder ist Padre Ignacio da, hält sich im Hintergrund, freut sich, dass es uns so gut geht. An meiner Seite sitzt Rosanna aus Norditalien, 66-jährig, die ich bisher noch nicht kennen gelernt habe. Es herrscht nicht nur ein unglaubliches Stimmengewirr, sondern auch ein Sprachengewirr an diesem Abend, und ich bin manchmal überfordert, mich auf Spanisch, Französisch und Englisch gleichzeitig zu unterhalten.

Nach 21 Uhr gibt es dann noch das Abendgebet für diejenigen, die daran teilnehmen wollen. Ich bin doch froh, dass ich mit in die Kirche heruntergegangen bin. Von Padre Ignacio werden wir gefragt, wann wir voraussichtlich in Santiago eintreffen werden. Dieses Datum wird mit unseren Namen in ein großes Buch geschrieben. Und dann wird der *Psalm 121* verlesen:

> Ich hebe meine Augen auf zu den Bergen, woher wird mir Hilfe kommen? Meine Hilfe wird kommen von dem Herrn, der Himmel und Erde gemacht hat. Er kann deinen Fuß nicht gleiten lassen; der dich behütet, kann nicht schlummern! (...) Der Herr ist dein Hüter (...), er geht zu deiner Rechten: Bei Tage wird dich die Sonne nicht stechen, noch der Mond des Nachts. Der Herr behütet dich vor allem Übel, er behütet dein Leben, er behütet deinen Ausgang und Eingang, jetzt und immerdar.[15]

Ich höre diesen Psalm, langsam und mir verständlich auf Spanisch gebetet, mit völlig neuen Ohren, seit ich selbst unterwegs bin. Mir fällt der *Psalm 91* ein, den ich kürzlich im Chor gesungen habe:

> ... Denn seinen Engeln hat er befohlen, dass sie dich behüten, auf allen deinen Wegen, sie werden dich auf ihren Händen tragen, dass dein Fuß nicht an einen Stein stoße ...

Wenn jetzt noch die Musik von Mendelssohn Bartholdy erklänge, würde ich vielleicht in Tränen ausbrechen. Erlebe ich doch mehr Mühsal, Angst und Ungeborgenheit auf dem Weg, als ich mir eingestehen will? Tut es deswegen so gut, eine Zusicherung zu hören, beschützt zu sein? Also eine religiöse Haltung nur zur eigenen Angstabwehr?[16] Doch Ahnungen vom Göttlichen entstehen längst nicht nur in Stresssituationen wie beispielsweise den Nahtod-Erfahrungen[17], sondern sind im Prinzip uns allen zugänglich.[18]

Die Texte der Psalmen, wie sie eben verlesen wurden, dürften Menschen früherer Jahrhunderte noch viel mehr bewegt haben. Für sie enthielt eine solche Wanderung ungleich mehr an Risiken als für uns heute! Welche Sicherheiten bin ich heute eigentlich bereit aufzugeben? Die meisten gehen mit Handy und Scheckkarte. Gehört nicht auch dies zum Prozess des Loslassens: sich der Ungewissheit auszuliefern mit nichts als den eigenen, begrenzten Kräften?

Nach dem Psalm werden die Namen all derjenigen verlesen, die vor kurzem hier waren und jetzt noch auf dem Camino sind, mit der Bitte, dass sie heil in Santiago ankommen und danach gut in ihr Land zurückkehren mögen. Es ist ein neues Gefühl für mich, in eine ganze Reihe mit anderen Pilgern gestellt zu werden; zu wissen, dass diese Menschen aus den unterschiedlichsten Ländern, die zu all diesen Namen gehören, irgendwo weiter westlich von uns auf dem Weg sind, genauso erschöpft wie wir und wahrscheinlich genauso bewegt, trotz der täglichen Anstrengungen. So viel an körperlich und seelisch liebevoller Fürsorge und Gemeinschaft haben wir bisher in keiner anderen Herberge erfahren!

Bevor wir schlafen gehen, fällt mir ein offenes Holzkästchen auf einem Tisch in der Nähe der Türe auf. Richtig, wir haben ja noch gar nicht bezahlt. Hier wird – ähnlich wie in Navarrete – kein Preis verlangt, eher eine Spende. Doch zu meinem Erstaunen lese ich auf einem Schildchen daneben: »Wer kann, der gibt; wer etwas braucht, der nimmt!« Auch dies ist einmalig. Ich frage Sonja, ob sie wüsste, ob das denn so hinkomme mit den Ausgaben in der Herberge. Sie hat offenbar bei Padre Ignacio schon nachgefragt und bejaht es. Und sie schildert eine Beobachtung, die ihr mitgeteilt worden sei: Immer mal wieder würden von Einzelnen viele kleine Münzen hineingeworfen, dass es nur so klingelte. Dadurch aufmerksam geworden habe man den Eindruck, dass es sich bei diesen Menschen vielleicht eher um die Obdachlosen handelte, die sich in letzter Zeit unter die Pilger mischten. Sie bleiben dann wieder eine Weile in den größeren Städten und betteln, um danach weiterzugehen. Vielleicht stammen daher die kleinen Münzen. Und gerade diese Menschen scheinen etwas zu spenden! Das berührt mich und ich muss an die Herberge in Estella denken: Räucherstäbchen und New-Age-Musik auf der einen Seite und dann auf der anderen den jungen Italiener grob rauswerfen, der offenbar nicht zahlen konnte. Welch ein Unterschied!

21. Tag

Grañón –Villa Franca Montes de Oca (28 km!), Sonntag, den 17.06.

Allein die Erinnerung an Grañón tut noch gut, denn heute war im zweiten Teil der Etappe Kontrastprogramm angesagt: viel Schotter- und Teerstrecke neben und auf der

Nationalstraße mitsamt ihrem »Flair« von Benzingestank, vorbeiflirrenden PKWs und bergauf schnaufenden oder bergab rasenden Lastern, gefährlich schlingernde Anhänger inbegriffen. Ich verstehe die Ängste der Radpilger angesichts dieser Strecken besser und ich habe gehört, dass immer wieder welche von Lastern angefahren und mitgeschleift werden. Wie hilflos komme ich mir vor gegenüber diesen Ungetümen! Manche halten Abstand oder hupen freundlich, doch bei anderen springe ich lieber in den Straßengraben.

Seltsam, was heute früh in Grañón geschah: Weder wurde um »spätes« Aufstehen gebeten wie in Navarrete (»nicht vor fünf Uhr«) noch war man zum gemeinsamen Frühstück verabredet. Es ergab sich einfach, dass fast alle »länger« schliefen und die meisten sich kurz vor sechs zum Frühstücken einfanden und Kannen mit Kaffee und Tee schon auf dem Tisch standen. Das verdankten wir abermals Sonja, die ich wirklich ins Herz geschlossen habe. Die Art, wie sie da ist, stiftet schon Gemeinschaft, und die völlig selbstverständliche Religiosität, die Padre Ignacio einbringt, scheint uns alle tief berührt zu haben. Gerne wäre ich länger in Grañón geblieben, aber die Regel lautet, jeweils nur eine Nacht zu bleiben, es sei denn, ein Pilger ist zu schwach oder krank.

Wieder wandern wir durch endlose Weizenfelder, verlassen Rioja und überqueren die Provinzgrenze nach Kastilien. Heute ist es bedeckt und kühl, ich bin froh um mein Hemd. Eine längere Strecke gehe ich mit Rosanna, der älteren Italienerin aus der Nähe von Turin. Sie erzählt ununterbrochen, durchaus interessant, aber ein Dialog kommt nie zustande, eigentlich schade. Die kleinen Dörfer scheinen bis halb zehn im Tiefschlaf zu liegen. Nach den Erfahrungen von Torres del Rio wagen wir es nicht, gegen acht Uhr Don David zu wecken und ihn um den Schlüssel zur Kirche von Redecilla del Camino zu bitten, in der ein wunderschönes Taufbecken stehen soll.

Es weht ein richtig frischer Wind hier, die »Berge von Oca« machen sich bemerkbar, es geht zunehmend bergauf. Schon gegen elf haben wir die 16 Kilometer bis Belorado bewältigt und wundern uns, warum in diesem kleinen Marktflecken, der im Mittelalter als Grenzfestung zu Navarra hin gedient hat, so viele Diskotheken stehen. Wer geht da hin? Hier ist die Pilgerherberge im früheren Theater (!) der Pfarrei untergebracht und – oh Wunder – sie ist sogar offen. Auf der Bühne wuseln einige Pilger herum, da wird gekocht und gewaschen, die Betten stehen oben äußerst eng auf einer eingezogenen Zwischendecke. Es ist nett, hier eine Rast einzulegen.

Irgendwie bin ich heute müde und frage, ob ich mich zu einem kleinen Mittagsschlaf oben hinlegen könnte. Es wird mir erlaubt und ich schlafe eine Stunde tief! Das war ein Glücksfall, nicht nur, weil wir heute eine deutlich längere Etappe vor uns haben, sondern auch, weil es sich bei Wind und Kühle draußen nicht so gut ausruhen lässt. Trotzdem geht es mir danach nicht gut: Wie schon gestern schmerzen mich die Achillessehne und das linke Hüftgelenk. Kommt das von den endlos erscheinenden Wegstrecken entlang der Straßen, bei denen immer dieselben Körperstellen belastet werden?

Immer wieder umspielt der Weg die verkehrsreiche

Nationalstraße, er steigt bisweilen spürbar an, doch schließlich geht es bergab ins Tal der Oca. Als wir nach 28 Kilometern bergiger Strecke *Villa Franca Montes de Oca* erreichen, sind wir doch ziemlich erschöpft – und gleichermaßen entsetzt von diesem Straßendorf, durch das pro Minute zwei bis drei LKWs donnern. Dabei ist diese »Villa Franca« ein uraltes Städtchen, wieder eine Ansiedlung von Franken. Schon Ende des 9. Jahrhunderts gab es hier ein Santiago-Hospiz, bis um 1075 war der Ort ein Bischofssitz. Das 1380 gegründete Hospital de San Antonio soll es noch heute geben. Wir sind für alles zu müde. Leider wird der etwas geräuschgeschützte Zeltplatz hinter der Kirche erst im Juli geöffnet. So haben wir nur die Wahl, entweder direkt an der N 120 zu nächtigen, und zwar in der zugigen und erbärmlich verdreckten Herberge des Ortes (ohne Hopitaleros, man spürt es gleich), oder in das kleine Hostal gegenüber zu gehen, bei dem man zwar sicherlich nicht die Fenster öffnen, aber hoffentlich einigermaßen gut schlafen kann. Zusammen mit Annika entscheiden wir uns für letztere Möglichkeit. Wir machen nur noch einen kleinen Rundgang den Hang hinter der Kirche hinauf, um dem Lärm zu entkommen und schon den Einstieg für morgen früh zu finden. Dann kaufen wir uns etwas für ein Picknick auf der Bettkante und gehen bald schlafen, das Beste, was man in solch einem Ort tun kann.

22. Tag

Villa Franca Montes de Oca – Atapuerca (22 km),
Montag, den 18.6.

Tatsächlich bis sieben Uhr geschlafen, und erst gegen acht brechen wir auf. Annika sehen wir nicht mehr, sie hat sich gestern schon verabschiedet für den Fall, dass sie bis Burgos einfach den Bus nimmt. Sie ist schon vier Wochen länger als wir unterwegs und braucht eine Pause. Wieder so ein Abschied.

Es geht steil den Berg hoch, danach immer wieder auf und ab durch Wälder von Krüppeleichen. Irgendwann der in Stein gefasste, aber spärlich fließende Brunnen »Moja Pan« (»befeuchte Brot« – zu mehr scheint das Wasser nicht zu reichen). Obwohl es heute wieder etwas sonnig ist, fegt ein kalter Wind über die einsamen Hänge. Erst jetzt wird mir klar, dass wir ja auch fast auf tausend Meter sind. Wir wandern manchmal über sandige Waldwege und teilweise durch Kiefernpflanzungen, die mich ein wenig an Brandenburg erinnern. Ich habe gehört, dass sich hier wieder Wölfe angesiedelt haben, keine anheimelnde Vorstellung. Diese Gegend wirkt auf mich so gar nicht vorsommerlich-heiter, eher karg und etwas düster.

Es passt so richtig: An einer Wegkreuzung mitten im Wald steht seitlich ein Mahnmal für Widerstandskämpfer, die 1936 im Spanischen Bürgerkrieg hingerichtet wurden. 1936 bis '39 hatte General Franco Burgos zu seinem Sitz erkoren, da werden sich einige in diese verlassene Waldgegend zurückgezogen haben. Dann hat man sie hier wahrscheinlich aufgespürt und erschossen. Mir wird klamm bei diesen Gedanken. Ich lese die Inschrift:

»Su muerte no fue inutil, inutil fue su fusilamento!«
(Ihr Tod war nicht nutzlos, nutzlos war ihre Erschie-
ßung!)

Dahinter ist noch ein kleineres Holzkreuz aufgestellt, da-
rauf steht:
　　»Vuestra muerte es una semilla, que va permanecer!«
　　(Euer Tod ist ein Same, der überdauern wird!)

Beim Gedanken an die Hinrichtung dieser Menschen stehen mir die Tränen in den Augen. Bin ich heute so dünnhäutig? Oder ist es der alte Schmerz, 1973 beim Putsch in
Chile selbst eine faschistische Übermacht erlebt zu haben?
Was ist los? Als ich weitergehe, höre ich gar nicht so weit
entfernt und tiefer unten in einer Waldtrasse wieder das
Donnern von vorüberbrausenden LKWs. Ist mir durch
diese massige Übermacht gestern nicht ebenfalls meine
eigene Ohnmacht körperlich-seelisch spürbar geworden?
Es wäre ein Leichtes, auf solchen Straßen einfach plattge-
macht zu werden. Und im übertragenen Sinne: Was habe
ich anzubieten mit meinem Einsatz, meinem Leben gegen
diese gesellschaftliche Übermacht mit solch entgegenge-
setzten Werten und Zielen, die immer mehr Land gewinnt?
David gegen Goliath? Jedenfalls scheint es vielen so zu
ergehen, die ich auf dem Pilgerweg treffe. Wir alle reagie-
ren empfindlich, fast bestürzt, wenn wir in die großen
Städte kommen und mit den Auswüchsen unserer Zivilisa-
tion konfrontiert werden.
　　Traurig und sehr nachdenklich wandere ich weiter. Die
Berge von Oca erscheinen mir fast endlos, eintönig die

Forstwege, deprimierend die teils feuergeschädigten Kiefern. Lediglich bei den Heidestücken blüht es etwas. Irgendwann stoßen wir auf eine laut gestikulierende, spanische Pilgertruppe, drei Frauen und ein circa zwanzigjähriger junger Mann, David (!) ...

Plötzlich sehe ich mitten auf dem Waldweg Kuhfladen. Das ist erstaunlich, macht mir aber Hoffnung, endlich an Weideflächen in die Nähe von *San Juan de Ortega* zu kommen. Überraschend sehen wir dann in einem kleinen Tal Kirche und Kloster mit einer Hand voll Häusern vor uns liegen. Diese Herberge hat uns Roland aus Aachen, unser Wirt in Azofra, wärmstens empfohlen. Hier gibt es wieder einen erstaunlichen, älteren Priester, auf dessen Initiative hin an diesem einsamen Ort eine Pilgerherberge entstand. Und auch hier eine Tradition: eine einfache Knoblauchsuppe abends für alle und dann wird das Essen, das jeder mitbringt, gemeinsam geteilt.

Ähnlich wie Santo Domingo de la Calzada, dessen Schüler San Juan de Ortega war, widmete auch er sein Leben dem »Dienst an den Armen des Jakobswegs«. Er baute Brücken für die Pilger (in Logroño und Nájera zum Beispiel) und errichtete im 12. Jahrhundert in dieser wilden und einsamen Waldgegend dieses Kloster. Wie durchnässt, verfroren, womöglich sogar ausgeraubt oder verwundet von den sagenumwobenen Räuberbanden in den kastilischen Bergwäldern mögen hier die Pilger früherer Zeiten angekommen sein!

Als ich in die wunderschöne und wohl von einem Fest blumengeschmückte Kirche (12./13. Jahrhundert) aus gelblich-ockerfarbenem Sandstein eintrete, muss ich richtig lachen: Überall zwitschert, zirpt und flattert es, anscheinend nisten zahlreiche Vögel hier und die Jungvögel machen mit lautem Krakeel ihre ersten Flugversuche. Ich setze mich still hin und beobachte ihre tollpatschigen Landemanöver auf den Sockeln mächtiger Säulen. In der Krypta steht der sehr einfache Sarkophag des Heiligen, oben in der Kirche ein äußerst kunstvoller. Besonders faszinieren mich die romanischen Figurenkapitelle. Ich habe gehört, dass bei der Tag-und-Nacht-Gleiche im Frühling und Herbst gegen 17 Uhr ein Sonnenstrahl für zehn Minuten zuerst die Verkündigungsszene »erleuchtet«, um danach zur Geburt Christi und der Anbetung der Heiligen Drei Könige zu wandern. Welch altes Wissen ist hier in frommer Absicht »eingebaut« worden! Ich bin richtig bezaubert von diesem lebendigen, ja heiteren Ort. Leider ist es für uns noch zu früh, um die heutige Etappe hier zu beenden.

Bei einem Café in der Sonne vor dem Kloster hören wir von Olga – eine von dem spanischen Pilgertrupp, die wieder lauthals mit zwei Fahrradpilgern scherzt –, dass auch sie heute nach Atapuerca wollen, dort sei eine gute Herberge. Jetzt geht es immer wieder wohltuend bergab, der Blick weitet sich allmählich, öffnet sich schließlich auf eine riesige Ebene. Oder sieht man auch schon in die kargen Flächen der Meseta hinein, die uns hinter Burgos erwarten? Wir schaffen die letzten zwei Stunden gut. Überrascht sind wir, als wir am Eingang von *Atapuerca* feststellen, dass hier eine prähistorische Höhlensiedlungsstätte ausgegraben wird, die beim Bau einer Eisenbahntrasse entdeckt wurde. Leider ist das Museum heute geschlossen. Und wenn wir morgen früh aufbrechen, wird es noch nicht geöffnet haben.

Wir finden die kleine Pilgerherberge mit nur zehn Hochbetten in einem uralten Steinhaus, sehr schön renoviert und modernisiert und zu unserer Freude auch offen. So nutzen wir die Gelegenheit zu einem wohltuenden Mittagsschläfchen. Als ich später einer Pilgerin aus Südspanien erzähle, welche Probleme ich habe, in solchen »Schlafsälen« nachts Ruhe zu finden (denn das Haus ist so winzig, dass es heute Nacht keine Alternative geben wird), macht sie mir ein seltsames Geschenk: Sie bietet mir ihre Schlafstelle an. Sie habe alle Betten ausgependelt und ihres stehe an einem wirklich guten Ort. Etwas ungläubig, aber berührt von ihrer Freundlichkeit nehme ich dankend an und bin gespannt, wie die Nacht werden wird.

Der Ort Atapuerca bietet nicht viel, aber wunderbar ist der weite Blick über die gesamte Ebene und auch der kleine, liebevoll angelegte Garten bei der Herberge, in dem ich jetzt in Ruhe sitzen und schreiben kann. Eben ist noch ein älterer Franzose eingetroffen. Er ist bereits zu Fuß wieder auf dem Rückweg von Santiago Richtung Bretagne, wo er vor über drei Monaten aufbrach. Er erzählt, dass er eine Botschaft der alten Keltensiedlung Santiago für das Festival keltischer Musik in Lorient mitbringe. Der Name Compostela deute ja auf »compostum« hin, eine (keltische) Grabstätte in diesem von Kelten schon jahrhundertelang besiedelten Land Galicien.

23. Tag

Atapuerca – Burgos (ca. 19 km), Dienstag, den 19.6.

So gut und tief wie in Atapuerca habe ich bisher nur in Leyre geschlafen! Ich werde erst gegen halb sieben wach und bin erstaunt, dass ich noch nicht einmal gehört habe, wie andere schon packen und aufbrechen. Diese große und wohltuende Entspannung verlangsamt mich aber eher. Als wir heute erst gegen viertel vor acht auf den Camino einmünden, zieht schon eine Gruppe Pilger, die offenbar von San Juan de Ortega kommt, an uns vorbei. Wie fast immer mache ich den Fehler, morgens zu schnell zu gehen, und – gleich bei der nächsten Anhöhe schmerzt wieder meine Achillessehne. Zu dumm! Deshalb nehmen wir ab Villafría den Bus. Auf diese Weise kürzen wir auch die endlosen Industrievororte, Autobahnzubringer und Schnellstraßen vor Burgos ab, eine Lehre, die wir aus den Erfahrungen in Logroño gezogen haben.

Burgos wurde schon im 9. Jahrhundert im Schutze eines Burgberges gegründet und bereits im 11. Jahrhundert Hauptstadt des neu entstandenen Königreichs Kastilien, einem wichtigem Zentrum der Reconquista. An ihren großen Helden erinnert das riesige Denkmal des »Cid« am Eingang der Stadt. Erst als die Mauren ab dem 11. Jahrhundert zurückgedrängt wurden, nahmen die Jakobspilger ihren Weg über Burgos, so dass die Stadt zu einer der bedeutendsten Pilgerstationen mit über 30 Hospizen und der Neuansiedlung vieler Fremder – Franken – wurde. Handels- und Wirtschaftsmittelpunkt blieb sie neben ihrer Rolle als Hauptstadt bis zum 15. Jahrhundert. Ab dem 16. Jahrhundert wurde sie Zentrum der Mesta, eines einflussreichen Interessenverbandes reicher, adliger Wollproduzenten. Bis heute ist sie Messestadt und Finanzzentrum Kastiliens.

Es ist – wie immer bisher – ein Schock, nach vielen Tagen der Stille jetzt in Gestank, Lärm, Reizüberflutung und die Geschwindigkeit einer Großstadt einzutauchen. Ich habe das Gefühl, meine Poren und Sinne verschließen sich, um mich davor zu schützen. Zwar gibt es auch stillere Gassen in der Altstadt, doch bei jedem Laut zucke ich zusammen. Und Spanier scheinen Lärm zu lieben. Wir suchen uns ein Hostal und wollen uns heute etwas verwöhnen.

Bald bummeln wir, zwar vom Gepäck befreit, aber bei mindestens 35 Grad Hitze durch eine Stadt, die mir fremd bleibt. Vielleicht liegt es an mir, bin ich voreingenommen, weil ich auf Lärm, Gestank und hastende Menschen gut verzichten könnte. Selbst die Kathedrale wirkt, frisch restauriert und abgestrahlt, in ihrem hellen Stein irgendwie unecht und fast kulissenhaft. Die wunderbaren Steinmetzarbeiten, in denen die Schwere des Steins wie aufgehoben wirkt, erscheinen jetzt wie neu und sie beeindrucken, aber berühren mich nicht – oder habe ich mich wirklich innerlich so vollständig zurückgezogen, um das Chaos dieser Stadt nicht an mich herankommen zu lassen? Innen bewundern wir den plateresken Stil[19] der Seitenkapellen. Der zentrale Innenraum der Kathedrale ist jedoch noch wegen der Restaurierungsarbeiten verhängt. Ich erlebe es symbolisch: Ihr Herz wird mir nicht zugänglich.

Nachmittags sind wir im Karthäuser-Kloster in Miraflores, ein Ort, zu dem ich mehr Zugang finde. Die Mönche haben sich für ein Leben in Gebet und Schweigen entschieden. Die Touristen unterhalten sich allerdings lautstark im ganzen Areal, das der Öffentlichkeit zugänglich ist. Wir gehen von einer Sehenswürdigkeit zur nächsten und ich habe immer stärker das Gefühl, dass ich zwar alles »besichtige«, das heißt gesehen habe, doch mir fehlt die Muße, die Bereitschaft oder die Stille, um mich wirklich im Innern berühren zu lassen.

So geht es mir auch vor dem wunderbaren Steinaltar in der Kirche St. Nicolás, den Juan de Cologne, also Hans aus Köln, geschaffen hat. Er gehörte wohl zu den wandernden Baumeistern oder Handwerkern, die sich auf dem Camino verewigt haben. Ich sitze noch lange auf den Stufen der Kirche und versuche, in dieser Stadt innerlich anzukommen. Eigentlich hatten wir überlegt, morgen noch zu bleiben, weil es wirklich viel zu besichtigen gibt. Doch ich habe nicht die geringste Lust darauf und Tim ergeht es ähnlich. Wahrscheinlich werden wir doch auf den langen Marsch durch die kargen Hochebenen der Meseta aufbrechen. Wenn es weiter so heiß bleibt, dann wird es nicht so angenehm werden, diese fast baumlose und trockene Landschaft bis hinter León zu durchqueren …

6. Horizonte ins Unendliche: Die Meseta Kastiliens
Von Burgos nach León

24. Tag

Burgos – Sambol (25 km, gelaufen aber nur ca. 17 km),
Mittwoch, den 20.6.

Selbst ein Hostal ist keine Garantie für guten Schlaf, wenn
Tim fürchterlich schnarcht, das Zimmer zu stickig ist, um
die Fenster geschlossen zu lassen, aber auf den Straßen bis
in die frühen Morgenstunden Leben herrscht. Hier in der
Altstadt von Burgos, mit den zahllosen Lokalen in den
engen, hallenden Gassen, wird bis tief in die Nacht lautstark geredet und gelacht. Vielleicht gehört das zu den
Ritualen der spanischen Machos, wobei die Frauen mit
anheizenden Parolen und schrillem Gekicher ihnen um
nicht viel nachstehen. Auch die Gespräche per Handy tragen gut zum nächtlichen Lärm bei. Jedenfalls bin ich morgens wie gerädert, obwohl wir erst gegen acht Uhr aufbrechen. So leisten wir uns den Bus, um wenigstens schon
einmal die Rushhour der Industriegebiete von Burgos hinter uns zu haben. Als unser Weg danach immer noch entlang oder parallel der Straße verläuft, hält jemand, um uns
mitzunehmen, und wir können der Versuchung nicht
widerstehen. Erst in *Tardajos* fädeln wir uns wieder auf den
Camino ein. Da ist es schon brüllend heiß, ein Vorge-
schmack auf die berüchtigte Hitze in der nahenden Hochebene der Meseta.

Der Name trifft es gut: Die Landschaft ist flach wie ein
Brett, eben wie eine Tischfläche (»mesa«) und annä-
hernd tausend Meter hoch. Wegen des kontinentalen

Klimas herrschen hier extrem heiße Sommer und eisige Winter. Dann fegen Schneestürme über die Hochebene, die bis zu den Picos de Europa, dem Küstengebirge zum Atlantik hin reicht, das wir fern zur Rechten sehen. Und während mir hier der Schweiß aus allen Poren rinnt, nehme ich wahr, wie dort in der Ferne immer noch Schnee auf den Kämmen liegt.

Der Weg führt uns zunehmend durch schüttere Getreidefelder, so weit das Auge reicht. Die spärlichen Halme stehen gekrümmt und wie erstarrt in der sengenden Hitze auf staubgrauer, vor Trockenheit aufgerissener Erde. Nur noch selten verirrt sich ein roter oder blauer Punkt von Mohn- oder Kornblume in das fahle Gelbgrau der Wegränder. Gehen und gehen und gehen in gleißender Sonne über steinige Feldwege, die sich in nichts unterscheiden. Der Horizont dehnt sich ins Endlose, kaum ein Baum, ein Strauch. Zeit scheint sich aufzulösen ...

Irgendwann komme ich in einen tranceähnlichen Zustand, ohne Gedanken, ohne innere Bilder, in eine Art innere Leere, die auch keine Leere ist, sondern mich aufhebt und weitet bis zum Horizont. Das Gehen fühlt sich plötzlich leicht an, es scheint, als ob ich »gegangen« würde. Alles erscheint fast schwerelos und weit, auch die Hitze spüre ich kaum noch. Doch ein falscher Tritt, ein kippliger Stein und sofort reißt es mich wieder zurück. Für eine kleine Weile erlebe ich es wieder als mühsam und heiß, bis sich wieder im Rhythmus der Schritte dieser eigentümliche Zustand einstellt, in dem sich die Anstrengung aufzuheben scheint. Eine Art »Stand-by-Schaltung« des Gehirns? Oder weitet sich auch das Bewusstsein angesichts dieser endlos wirkenden Ebene? Ich kann plötzlich verstehen, dass dieser einsame Landstrich immer wieder von Einsiedlern aufgesucht wurde, zumal die Weite des Himmels und das ausgestreckte, karge Land selbst bereits in die Unendlichkeit weisen.

Erst als wir schweißnass in *Hornillos del Camino* ankommen (der Name verweist auf Brennöfen!), wird mir klar, dass die seltenen Dörfchen etwas tiefer, an den wenigen Bächen oder Flüssen liegen, die sich in die Hochebene eingegraben haben. So bleiben sie bis kurz vor dem Abstieg unsichtbar.

Zum ersten Mal hülle ich mich ein wie eine Beduinin, um mich vor der Sonne zu schützen. Wie gut, dass es in Spanien in jedem Dorf eine Plaza gibt, auf der wir auch meist einen Brunnen entdecken. Und die alte Kirche in diesem Ort verfügt wieder über eine schattige Vorhalle. Dort nächtigten die Pilger früher und auch wir machen eine ausgedehnte Rast.

Danach geraten wir allerdings in die volle Mittagshitze. Bald schleppe ich mich nur noch vorwärts, laufe dumpf vor mich hin, die Zunge klebt am Gaumen. Nie wieder so spät aufbrechen, schwöre ich mir. Der Weg scheint sich vor meinen Füßen zu dehnen, der Horizont wirkt unerreichbar. Irgendwann verliert sich wieder das Gefühl für Zeit. Ist es nur meine Übermüdung?

Völlig unverhofft dann ein kleines Wunder: In der Ferne sehen wir einen grünen Flecken! Das müssen Bäume sein, und dann gibt es dort auch Wasser. Wir täuschen uns nicht. Irgendwann biegt ein Weg zu dieser Oase ab. Im Führer wird eine kleine Herberge ohne Elektrizität und fließendes

Wasser genannt, dafür an einer Quelle gelegen: *Sambol*. Was mag dieser Name bedeuten? Oder bezieht er sich ursprünglich auf einen Heiligen (San ...)?

Wir nähern uns einem Pappelhain, aus dem überraschenderweise eine kleine Kuppel ragt, daran angebaut ein ortsübliches, bescheidenes Steinhaus mit einer Terrasse im Schatten. Auf der das Haus umgebenden Mauer hat irgendein Künstler in mehreren meterlangen Fresken ironisch zugespitzt die Geschichte der Templer verewigt. Doch ermattet, wie wir sind, zieht es uns nur mit Macht an die plätschernde, nahe Quelle, die ihr Wasser in ein kleines Becken ergießt. Es ist nicht nur frisch, sondern kalt (um die zehn Grad, heißt es!). Dieses kleine Tauchbecken dient als Wasserreservoir und bietet uns überdies eine Waschmöglichkeit, welch ungeahnte Erfrischung!

Es gibt einen deutschen Hospitalero hier, der den ganzen Sommer über die Pilger betreut. Wie er sagt, macht er das schon seit einigen Jahren, früher zusammen mit einem anderen, der in dieser ungastlichen Landschaft die Tradition der Templer wieder zu beleben versuchte. Offenbar geht es ihm hier alleine nicht besonders gut, denn der Empfang und auch der weitere Kontakt sind eher karg. Immerhin sorgt er für ein einfaches Essen und etwas als Proviant für morgen, denn zwischen Tardajos, unserem Ausgangsort heute, und dem immer noch circa 14 Kilometer entfernt gelegenen Castrojeriz gibt es keinerlei Läden. Nach einem wunderbaren Mittagsschlaf im Schatten der Pappeln entdecken wir hier unseren »Militärpilger« wieder, dem wir vor etwa zwei Wochen mit vor Blasen wunden Füßen in Izco begegnet waren. Jetzt geht es ihm gut und er wandert zusammen mit einem bayrischen Pfarrer. Wir bleiben zu viert an diesem Tag und sind froh, den Nachmittag hier im Schatten zu verbringen.

Während unsere gewaschenen Klamotten auf der Leine trocknen, studieren wir die Landkarte und beginnen in Ruhe, die Kilometer bis Santiago zu summieren und Etappen zusammenzustellen. Philippe hatte Recht, als er schon in Viana meinte, er müsse seine Etappen vergrößern, um rechtzeitig anzukommen. Wir liegen nicht gut im Schnitt, bereits jetzt fehlen uns zwei bis drei Tage. Was tun? Wahrscheinlich müssen wir irgendwann ein Stück abkürzen. Fast verführerisch bietet sich das an, wenn es ab Übermorgen für viele Kilometer an der Nationalstraße entlanggehen wird.

Irgendwann können wir auch diese Überlegungen loslassen. Kein Dorf oder Städtchen, keine Einkäufe lenken uns ab. Dafür liebliches Plätschern und Grillengezirpe, leises Rascheln des Laubs im Atem der Hitze. Ab und zu noch Lerchen, die hoch aus dem Sommerhimmel jubilieren. Nach und nach geht der Tag zur Neige, erglüht die Landschaft in Gold und Purpur, Schatten färben sich violett: ein Sonnenuntergang fast wie in der Wüste. Ruhe kehrt ein. In der Dämmerung blitzt die Venus auf. Dann senkt sich langsam der Abend über diesen einsamen Ort, dessen Stille zu vibrieren scheint.

Dunkelheit umhüllt uns wie ein transparenter Mantel, öffnet sich nach und nach zum fernen Leuchten eines sternenübersäten Himmels. Ja, nach diesem Nachmittag verstehe ich, warum hier seit Jahrhunderten Einsiedler alle Kargheit, Armut und Beschwernis auf sich nahmen!

Vielleicht hatten auch sie hier Visionen von einer göttlichen Kraft, wie sie von *Hildegard von Bingen* (1098–1179) überliefert sind:

Ich bin das heimliche Feuer in allem und alles duftet von
   mir (...).
Ich flamme als göttlich-feuriges Leben
über dem prangenden Feld der Ähren.
Ich leuchte im Schimmer der Glut,
ich brenne in Sonne, im Mond und in Sternen,
im Windhauch ist heimlich Leben aus mir
und hält beseelend alles zusammen (...)[20]

25. Tag

Sambol – Ermita de San Nicolás (23 km),
Donnerstag, den 21.6.

Schon vor Sonnenaufgang brechen wir auf. Die kühle Morgenluft ist erfüllt von Lerchengesang. Wieder geht es endlose Feldwege entlang – nur sehen wir irgendwann kein Wegzeichen mehr. Was ist los? Wann haben wir zum letzten Mal eines gesehen? Jetzt gehen wir schon als kleiner Trupp zu viert und landen doch tatsächlich in der Pampa. Da hilft nur umkehren. Und nach einer Weile finden wir dann wieder einen gelben Pfeil auf einen Stein gemalt. Wie mag es sein, hier im Winter zu gehen, ohne Baum oder Pfahl, wenn die Steine an den Wegkreuzungen beschneit sind!

Irgendwann taucht die Spitze eines Kirchturms auf, der Weg senkt sich und führt zwischen Taubentürmen und

Bodegas (Lagerräumen) aus Lehmziegeln zum Dörfchen *Hontanas*. In dieser Frühe wirkt alles noch verlassen, doch es gibt wieder einen Brunnen, aus dem wir Wasser schöpfen können. Nach der Hitze des gestrigen Tages ist uns klar, dass wir in der Frühe sehr zügig und ohne größere Pausen gehen wollen. So kommen wir gut vorwärts und steigen nach einiger Zeit allmählich in ein weites Tal hinab. Hier sehen wir bald die mächtigen Ruinen des Antoniter-Klosters aus dem 12. Jahrhundert liegen. Wie die Pilger des Mittelalters durchschreiten wir einen mächtigen gotischen Bogen, der zu einer Kirche gehört haben mag. Fast ehrfürchtig betrachte ich eine Wandnische, in der angeblich für hungrige Pilger Nahrung bereit stand. Die Antoniter kümmerten sich besonders um Arme, die am sogenannten Antoniusfeuer erkrankt waren, verursacht durch einen Getreidepilz. So groß wie das Kloster angelegt ist, wird es neben seiner Bedeutung als Pilgerhospiz in dieser getreidereichen Gegend viele Kranke aufgenommen haben. Mit einem T-förmigen Kreuz spendeten die Antoniter ihren Segen. Diese Form ist noch heute im großen Rosettenfenster der Kirchenruine zu finden.

Weiter geht es entlang der kleinen Landstraße. In der Ferne entdecken wir auf einem Hügel inmitten dieses weiten Tales die Burgruine von *Castrojeriz* (castrum sigerici), wahrscheinlich aus dem 8. Jahrhundert, der späten westgotischen Zeit stammend. Beim Näherkommen fallen uns wieder die großen Kirchen in diesem kleinen Ort auf, der im Mittelalter einmal sieben Pilgerhospize beherbergt haben soll. Gleich am Ortseingang an der Kirche San Juan sehe ich zwei Totenschädel mit gekreuzten Knochen. Über dem ersten steht gemeißelt: »O mors« (Oh Tod), über dem zweiten »O aeternitas« (Oh Ewigkeit). Etwas klamm durch dieses unerwartete Memento mori halte ich inne, setze mich einen Augenblick in das Halbdunkel des Kirchenraumes. Ist hier ein Pilgerfriedhof gewesen? Bezieht es sich auf die Pestepidemien des 14. Jahrhunderts? Andererseits: Hat es nicht auch etwas Heilsames, mitten im vollen Leben an Tod und Vergänglichkeit erinnert zu werden?

Aus Hinweisschildern ersehe ich, dass in diesem kleinen Ort gerade eine Ausstellung von Marienbildnissen und -figuren im nahen Museum zu finden ist, und einige Frauen vor der Kirche weisen mich begeistert darauf hin. Als ich dort eintrete, bin ich wirklich hingerissen: Welcher Liebreiz und welche Fülle vermittelt sich mit dieser Gestalt! Wie eine Mutter des Lebens thront sie da immer wieder, umgeben von Granatäpfeln, Getreideähren, Blumen in allen Farben und Formen. Da mir vor der Kirche eine eingefasste Quelle aufgefallen ist, denke ich unwillkürlich an die alten Quellheiligtümer der Kelten, die so oft den Muttergottheiten geweiht waren. Beides, »Quelle« genauso wie »Mutter«, sind Symbole für das Leben. Wie viele Kirchen sind auf diesen heiligen Plätzen errichtet worden, ohne dass ihre ursprüngliche Geschichte heute noch bekannt wäre. Auch durch Nordspanien zogen die Kelten (vermutlich ab dem 9. Jahrhundert v. Chr.) ... Ist dieser Weg nach Westen bis zum Ende der damals bekannten Welt doch ein viel älterer, vorchristlicher Initiationsweg, wie manche Autoren glauben?[21]

Warum finden sich bis heute so viele Marienkirchen am Weg? Sicherlich gibt es eine theologische Begründung dafür. Mir gehen eher psychologische Aspekte durch den Sinn: Stellten sie im Mittelalter vielleicht ein symbolisches Gegengewicht dar zu einer einseitig patriarchalen Gesellschaft, in der das Weibliche abgespalten wurde?[22] Konnte – wenn überhaupt – nur die »keusche Jungfrau« zugelassen werden und nicht die entfaltete Frau in all ihrem Potenzial? Doch manche dieser Marienstatuen wirken durchaus kraftvoll und geradezu sinnlich.

Ging es eher um ein Gegengewicht zur allgegenwärtigen Vergänglichkeit? Ein Gegengewicht zum Tod? »Mutter« bedeutet nicht nur Leben, sondern in ihren positiven Aspekten auch so etwas wie Heimat und Geborgenheit. Gerade für die »Unbehausten«, die Fremden, wie es die Pilger waren, dürfte dieser Aspekt eine große Faszination gehabt haben. Oder geht es vielleicht auch um den weiblichen Aspekt des Göttlichen, wie er von der »*Sophia*«, der *Heiligen Weisheit* im Buch der Sprüche, überliefert ist:

> Bevor die Welt erschaffen wurde, war ich da. Ich, die heilige Weisheit. Ich war da, von Anfang an, von Ewigkeit zu Ewigkeit. Ich war da, bevor die Erde erschaffen wurde, da die Tiefen noch nicht waren, da war ich schon da (...), ich, die Mutter alles Lebendigen.[23]

Während ich diesen Fragen nachsinne und ganz in Gedanken durch die Straßen schlendere, sehe ich zu meiner Überraschung Agathe wieder, die Schweizerin, die sich in den Wäldern um den Stausee des Aragón verlaufen hatte. Seit Puente la Reina war sie offenbar immer nur ein paar Stunden vor uns. Ein frohes Hallo und wir erzählen, nachdem wir in den kleinen Läden unseren Proviant ergänzt haben. Auch sie will heute bis zur Ermita de San Nicolás kommen, der Pilgerherberge in einem mittelalterlichen Hospiz nahe dem Fluss Pisergua. So machen wir uns gemeinsam auf. Nachdem wir die andere Seite des weiten Tales auf einem uralten Weg überquert haben, der zum Teil über flache, römische Arkaden führt, geht es nun in der Hitze des späten Vormittags wieder einen Berghang hoch. Die Steine auf dem Weg schimmern, blitzen fast in der Sonne. Irgendwann hebe ich einen auf: Es ist Marienglas!

Am Hang entdecken wir eine Gedenkplatte für einen erst vor wenigen Jahren verstorbenen Pilger. Miguel hieß er. Wieder halten wir inne. Warum begegnet uns hier der Tod so eindringlich? Trägt die Meseta mit ihrer Einsamkeit und mörderischen Hitze dazu bei?

Oben auf der Höhe sind wir überwältigt vom weiten Rundblick! Hinter dem Tal von Castrojeriz bis zum Horizont die flache Hochebene. Vor uns ebenfalls weites Land, doch in leicht schwingenden, flachen Hügeln. Ich betrachte fasziniert die verhaltenen Farben des kargen Bodens, der zwischen dem schütteren Getreide sichtbar wird: weißlich und ocker, grau und wieder bräunlich, dazwischen rostrote Einsprengsel. In der Ferne zieht sich ein blassgrüner Streifen entlang, vielleicht der Fluss *Pisuerga*, den wir heute als Etappenziel haben.

In der flimmernden Mittagsglut sind es noch knapp zwei Stunden zu gehen, bis zu der in einem schmalen Tauchbecken gefassten Quelle *Fuente del Piojo* (»Läusequelle«). Kurz entschlossen ziehe ich mich aus und steige hinein, um das kühle Wasser zu genießen. Wahrscheinlich taten dies Pilger zu allen Zeiten wohl in der Hoffnung, sich nicht nur zu erfrischen, sondern auch ihre Läuse darin zu ertränken, daher vermutlich ihr Name. Die letzte Strecke bis zur *Ermita San Nicolás* ist zwar nicht mehr lang, trotzdem erreichen wir dieses alte Hospiz, halb Kirche, halb Wehrbau, dampfend vor Hitze und sehr erschöpft.

Obwohl es 13.30 Uhr ist, also eine Zeit, in der die meisten Herbergen geöffnet sind, finden wir diese verschlossen, hören allerdings Stimmen von innen. So klopfen wir getrost, in der Hoffnung, dass man uns schon öffnen wird. Nichts! Wieder klopfe ich, wiederholt! Die Stimmen innen rufen etwas Unverständliches, doch niemand öffnet. Ich rufe hinein, ob man uns denn in der knalligen Mittagshitze draußen stehen lassen wolle. Schließlich öffnet ein empörter Mann, Italiener, wie sich herausstellt. Nein, die Herberge sei geschlossen, bis 16 Uhr! Ich will es nicht glauben: Zweieinhalb Stunden sollen wir hier auf der Straße warten? Was ist der Grund? Sie brauchten auch einmal ihre Ruhe, höre ich zu meinem Erstaunen. Wir könnten ja zu den andern Herbergen gehen! Damit macht er mir die Türe vor der Nase zu.

Ich bin fassungslos, wütend und ohnmächtig zugleich angesichts dieser Schroffheit. So unfreundlich sind wir noch nie empfangen worden! Es gibt zwar wirklich zwei weitere nahe Herbergen, doch jeder Kilometer in dieser Affenhitze ist mir zu viel. So lege ich mich schließlich auf meine Matte in den ersten Schatten vor die Tür und ruhe mich aus. Gegen 15 Uhr wird das Tor schließlich geöffnet und drei Italiener empfangen uns mit wortreichen Erklärungen. Offenbar reichen sie den Pilgern während des

Vormittags Erfrischungen, so dass sie meinen, wirklich eine Siesta verdient zu haben. Das verstehe ich. Aber muss das sein, die einen zu verwöhnen und die anderen vor den Kopf zu stoßen? Gäbe es keine für alle verträgliche Lösung? Ihr hoher Anspruch, den Pilgern zu dienen und sie wirklich zu empfangen, kehrt sich hier ins Gegenteil. Ich bin immer noch empört.

Doch als ich eintrete, schmilzt mein Ärger dahin. Der mittelalterliche, einschiffige Kirchenraum mit erhöhtem Altar strahlt eine gute Atmosphäre aus. Statt Kirchenbänken steht da ein langer Tisch mit Stühlen, seitlich an der Wand, hinter einem Vorhang verborgen, ist eine kleine Küche eingerichtet und auf der anderen Seite des Tores stehen einige Hochbetten für die Pilger. Eine Treppe führt zur Empore, dort nächtigen die Hospitaleros, wie ich später erfahre. Die Jakobsgesellschaft von Perugia hat die völlig verfallene Kirche mühsam wieder restauriert, die Mauern ausgebessert, das Dach gedeckt und draußen ein Häuschen für Duschen und Toiletten errichtet. Ob die Spenden der Pilger dies alles decken können?

Im Laufe des Nachmittags und Abends kommen wir mehr ins Gespräch. Mit einem der Hospitaleros fahre ich ins nahe gelegene Dorf, um etwas für das gemeinsame Abendbrot und Proviant für morgen einzukaufen. Er ist Meister in einem Industriebetrieb, aktiver Gewerkschafter und opfert zwei Wochen seines Jahresurlaubs, um hier zu arbeiten. Ich erfahre auch, dass es eine bitterböse Konkurrenz zwischen den drei Herbergen gibt, die ziemlich nahe beieinander liegen. San Nicolás ist die erste am Weg, die sich entsprechend schnell füllt. Das schafft Neid bei den

Dorfbewohnern, die die anderen, privaten Herbergen betreiben. Jahr für Jahr erfahren die italienischen Hospitaleros im Frühling, dass zum Beispiel der von ihnen angelegte Garten wieder zerstört wurde. Auch deswegen haben sie beschlossen, die Herberge so spät zu öffnen, um den anderen den Vorrang zu lassen. Damit hatte ich nicht gerechnet.

Mittlerweile sind noch einige andere Pilger eingetroffen und die wenigen Betten besetzt. Wir hören, dass es vor dem Abendessen ein Ritual geben wird und wir uns im Altarraum versammeln sollen. Als es so weit ist, erscheinen die Italiener in einem dunklen Umhang, zwei Jakobsmuscheln zu beiden Seiten auf der Brust. Einer trägt eine Schüssel, der andere ein Handtuch. So gehen sie zu allen Pilgern, knien nieder, sprechen ein Gebet und waschen ihnen danach rituell einen Fuß (nur einen!). Danach küssen sie ihn und nach einem weiteren Gebet und zahlreichen Verneigungen beenden sie das Ritual.

Nun laden sie uns zum Essen ein: Salat und Spaghetti Bolognese mit köstlichem Rotwein, Obst, Kaffee und einem Grappa hinterher. Jetzt wird die Kirche lebendig! Lachend und erzählend verbringen wir den Abend. Als wir die Kochkünste der Männer loben, fragen sie uns schelmisch, warum wohl die Spaghetti so gut schmeckten? Weil nur Italiener sie so gut zubereiten können, antworte ich. Nein, belehrt mich einer. »Sie waren so gut, weil sie im Wasser unserer Fußwaschung gekocht wurden!« Heiter und versöhnt singen wir später noch zusammen. Wie anders ist dieser Tag wieder gegenüber dem gestrigen und dieser Abend gegenüber dem heutigen Mittag!

26. Tag

Ermita de San Nicolás – Carrión de los Condes

(teilweise getrampt), Freitag, den 22.6.

Ich habe wunderbar geschlafen in dieser alten Kirche. Kurz nach fünf stehen wir auf, gegen sechs verabschieden wir uns alle sehr herzlich voneinander. Die Hospaleros entschuldigen sich noch einmal wegen des unfreundlichen Empfangs. Ich habe das Gefühl, wir alle haben daraus gelernt, und bei mir bleibt keinerlei Groll.

Wieder dieser zauberhaft zarte Morgenduft voller Vogelgezwitscher, als wir zur Brücke aus dem 11. Jahrhundert über den Fluss Pisuerga schreiten. Dahinter beginnt die Provinz Palencia. Erneut begegnen uns Taubentürme in Itero de la Vega. Danach geht es wie immer in den letzten Tagen durch schier endlose Felder bis nach *Boadilla del Camino*. Hier führt der Weg an der beeindruckenden, gotischen Gerichtssäule vorbei, dem Pranger. Wie kommt es, dass ein solches Dorf das Recht erhalten hat, Gericht zu halten? War auch dies eine Villa franca, eine Ansiedlung von Fremden, die mit Sonderrechten ausgestattet wurde?

Heute führt der Weg lange Kilometer an einem Kanal entlang, dem Canal de Castilla, der im 18. Jahrhundert für Getreidetransporte in den Norden begonnen, aber nie vollendet wurde. Jetzt dient er vielleicht dazu, die Felder zu bewässern. Schließlich kommen wir am späten Vormittag über eine ausgedehnte, mehrstufige Schleusenanlage und erreichen das Städtchen *Frómista*. Der Name hat seinen Ursprung in »frumentum« (Getreide), und dies ist offenbar der Marktflecken, wo es verkauft oder auf den Kanal verladen wurde.

Innerlich stumpf vor lauter Hitze wollen wir eigentlich nur die berühmte romanische *Kirche San Martín* besichtigen. Sie wurde 1066 von derselben Königin Doña Mayor gestiftet, der wir die stattliche Brücke von Puente la Reina verdanken. Als wir auf dem kleinen Platz vor San Martin stehen, bin ich tief beeindruckt! Vor gut hundert Jahren wurde diese Kirche vor dem Verfall gerettet und aufwändig restauriert. So wirkt sie heute in ihrem hellen Stein fast zeitlos, in schlichter Schönheit und vollendeter Harmonie.

Wir haben Glück: Innen sind wir fast alleine und können den wunderbar lichten, dreischiffigen Raum auf uns wirken lassen, klar gegliedert von Pfeilern und Säulen mit kunstvollen Kapitellen. Offenbar hat man jede überflüssige Ausschmückung entfernt, um zur ursprünglichen Form zurückzukehren. Diese Romanik hat nichts Schweres oder Lastendes mehr. Eher entzieht sich mir diese Kirche, ist fast zu schön und ausgewogen. Auch wirkt sie ein wenig wie ein gehütetes Kleinod und nicht wie eine Pfarrkirche, in der Menschen beten. Ich denke unwillkürlich an die Kirche des Klosters Leyre, deren sichtbares Alter und fehlende Symmetrie sie mir gerade nahe brachte. Vielleicht erlebe ich hier etwas Ähnliches wie bei einem Menschen, dessen nach außen vermittelte »Vollkommenheit« manchmal eher Distanz entstehen lassen kann.

Nach dieser Pause in den glühenden Mittag hineinzuwandern ist schon eine Herausforderung! Im Vorbeigehen lese ich auf einem Thermometer 45 Grad! Nach einer halben Stunde halten wir inne, überzeugen uns im Führer, dass die knapp zwanzig Kilometer bis nach *Carrión de los Condes* überwiegend an der Fernstraße entlangführen, und beschließen zu trampen. Das ist gar nicht so leicht während der Siesta. Schließlich klappt es doch und der Fahrer setzt uns am Eingang des Städtchens ab, das damals Christopher Kolumbus von den katholischen Königen als Lehen für seine Entdeckungen angeboten bekam – doch er lehnte empört ab. Die Pilgerherberge im Kloster Santa Clara ist schon besetzt, auch die neue, städtische scheint voll bis auf den letzten Platz. Immerhin entnehmen wir dem dortigen Pilgerbuch, dass gestern Philippe hier war. Jetzt ist er uns schon einen ganzen Tag voraus! – Hatten wir da nicht um die Ecke ein nettes Hostal gesehen? Wir haben das Bedürfnis, uns heute etwas zu verwöhnen, und beziehen dort ein Zimmer.

Nachmittags schlendern wir in der Altstadt umher und bewundern den Tympanon der Kirche Santiago (12. Jahrhundert) mit dem beeindruckenden Christus als Pantokrator. Statt wie sonst die 24 Alten der Apokalypse mit ihren Instrumenten darzustellen, werden hier Handwerker und ihre Tätigkeiten gewürdigt. Gegen Abend überlegen wir erneut, wie wir die Etappen einteilen. Tim kann einfach mehr Kilometer am Tag bewältigen als ich, er könnte es schaffen, wenn er nur eine Etappe überspringt, während ich mindestens zwei überspringen müsste. Und in León wollten wir doch endlich einen Tag Pause machen, den wohlverdienten Ruhetag, den wir schon in Burgos aufgeschoben haben. So reift die Entscheidung, morgen eine normale Etappe zu gehen, aber das restliche Stück bis Sahagún zu trampen. Dort werden wir uns dann eine Weile trennen, um auch einmal jeder für sich zu wandern. Tim wird mich dann vermutlich irgendwann wieder einholen.

27. Tag

Carrión de los Condes – Lédigos (22 km), dann bis **Sahagún**
(per Anhalter), weiter bis **León** (mit dem Zug),
Samstag, den 23.6.

Irgendwie ein zerstückelter Tag, ich bin ein wenig aus der
Balance geraten, denn der normale Rhythmus fehlte heute
völlig. Auch fühle ich mich etwas einsam, einer fremden
Stadt ausgesetzt und jetzt auf mich allein gestellt. Doch der
Reihe nach:

Bei unserem netten Hostal in Carrión de los Condes hatten wir nicht die unscheinbare Disco im Keller des Nach-
barhauses bemerkt. Umso stärker war unser Schreck, als
gegen 23 Uhr die Bässe das Haus vibrieren ließen. Kein
Wunder, dass niemand darin leben will, sondern es an
Tagesgäste vermietet wird! Und wieder ist das Zimmer zu
heiß, um die Fenster geschlossen zu halten. Doch zusammen mit den lauten Handy-Gesprächen auf der Straße war
es nicht auszuhalten. Außerdem wird hier noch Johanni
gefeiert. Erst gegen Morgen wurde es ruhiger – da mussten
wir aufstehen. Einfach Pech gehabt!

Entsprechend gerädert habe ich mich heute durchge-
schlagen und weder vom Weg noch von der Landschaft
viel mitbekommen. Flach und einsam war es, wie immer in
der Meseta. Es ging auf Straßen oder Schotterwegen durch
endlose Felder, die hier zum Teil aber schon abgeerntet
sind. Vor Trockenheit grünt kaum noch etwas, selbst den
Vögeln scheint es zu heiß, um zu singen – bis auf die Lerchen. Woher nehmen sie diese Kraft und Begeisterung?

Nach den letzten fünf Kilometern in der mittäglichen
Hitze auf der Nationalstraße bis *Lédigos* hat es uns dann

endgültig gereicht. Als wir an einen Auto-Rastplatz kamen, haben wir kurz entschlossen ein junges Paar angesprochen, ob sie bis nach Sahagún (ca. 14 Kilometer) fahren und uns mitnehmen würden. Wir hatten Glück, doch es war ihnen anzumerken, dass sie es nicht besonders gerne taten. Egal.

In *Sahagún* hatte ich nur noch einen Wunsch: Schlafen. Wir fanden die Pilgerherberge in einer ehemaligen Kirche, die ebenerdig als Theater- oder Konzertsaal dient, im ersten Stockwerk aber über einen großzügigen Schlafsaal verfügt. Ich hatte Glück: Der Hospitalero war damit einverstanden, dass ich mir ein Bett nur für einen Mittagsschlaf suchte. Welche Wonne, mich dermaßen übernächtigt ausstrecken zu können. Kein Lärm von ankommenden Pilgern vermochte es, mich aus dem Tiefschlaf zu holen, und erst nach zwei Stunden weckte mich Tim. Er hatte schon einen Zug nach León ausgemacht, deswegen ging es dann schleunigst zum Bahnhof. Keine Zeit mehr für die mudejaren Ziegelkirchen Sahagúns oder seine Geschichte als wichtigster Standort der Cluniazenser in Spanien, als es darum ging, den römischen Ritus der Messe gegen den westgotisch-arianischen durchzusetzen.

Ja, der Abschied heute Nachmittag war etwas eilig und seltsam, nach all diesen Wochen der Gemeinsamkeit. Irgendwie hatte es mein Kopf zwar akzeptiert, aber mein Gefühl konnte es noch nicht fassen. Verwirrt saß ich im Zug und fuhr auf León zu, überrumpelt von der Geschwindigkeit des Transports wie auch von unserer Entscheidung. Erst nach und nach kam ich innerlich wieder bei meinem ursprünglichen Plan an, den Pilgerweg ganz alleine gehen zu wollen, und fand damit wieder meine innere Ruhe.

In León:

Nach all den Wochen in der Stille der Natur ist der Bahnhof einer Großstadt ein Schock! Doch schon auf der Suche nach der Pilgerherberge, einem Kloster der Benediktinerinnen im »barrio húmedo«, dem »feuchten Viertel« der Altstadt, erscheint mir diese Stadt immer sympathischer. Ursprünglich eine römischen Legionärssiedlung, wird sie ab dem 10. Jahrhundert Königssitz und später Wallfahrtsstätte, nachdem 1063 die Gebeine des hl. Isidoro (560–636) hierhin überführt wurden. Isidoro, Bischof von Sevilla, war im Mittelalter ein hochberühmter Enzyklopädist, wir verdanken ihm ein vielseitiges Werk sowie Erhalt und Kommentierung antiker Texte.

Es wimmelt wieder von Störchen in dieser Stadt. Alleine auf der Klosterkirche der Pilgerherberge hocken in zwölf großen Nestern zahlreichen Jungvögel, die alle heftig klappern, sobald einer der Elternvögel im Anflug ist. Im Zug habe ich mit Erstaunen bemerkt, wie feucht und grün es plötzlich im Umland von León und um den Rio Bernesga geworden ist, offenbar durch Wasser, die vom asturisch-leónesischen Hochgebirge herunterkommen. So haben die Störche ideale Lebensbedingungen.

In der Herberge hat es sich optimal für mich gefügt: Weil der große Schlafsaal bereits voll war, hat man mich und andere in einer Turnhalle im Innenhof einquartiert. Das Matratzenlager dort ist einfach Luxus: Weder wird es über oder unter mir schaukeln noch in unmittelbarer Nähe schnarchen. Nur der (wie immer!) billige Schaumgummi der Matratzen lässt sie nachts heiß werden wie ein Backofen. Doch wenn ich meine Isomatte unterlege, geht es.

Schade, dass ich jetzt so weit voraus bin und keine Pilger mehr von früheren Herbergen kenne. So muss ich alleine essen gehen und fühle mich dabei etwas einsam.

Später:
Ich bin bezaubert vom morbiden Charme dieser Altstadt, von ihren winkligen Gassen und verborgenen Plätzen, den Brunnen und alten Kirchen. Die gotische Kathedrale wirkt mit ihren bunten Glasfenstern fast wie eine der französischen. Ihre Farben tun mir unendlich wohl – ich fühle mich darin wie inmitten eines Edelsteins. Auf den Straßen ist es, wie immer in Spanien, bis in die Nacht lebhaft. Fast ein Anachronismus, dass die Herberge schon um 22 Uhr schließt, wenn meist erst gegen 21 Uhr Essen in den Restaurants zu bekommen ist. Auf der Plaza del Grano vor der Klosterpforte ist eine Tribüne mit riesigen Lautsprechern aufgebaut, die mich Schreckliches ahnen lassen. Die Festlichkeiten zu Johanni verfolgen mich schon die ganzen letzten Tage. Hoffentlich wird es heute Nacht nicht zu laut!

In León, Sonntag, den 14.6.
Ich erwache nach einer guten Nacht trotz der Musik. In der Nähe liegen zu meinem Erstaunen jetzt zwei Schweizerinnen, Lena und Mary, beide Mitte Vierzig. Sie sind heute Nacht aus dem Schlafsaal ausgewandert, weil es einfach zu heiß und zu laut war. Auch sie wollen heute in León bleiben und müssen ebenfalls in ein Hostal umziehen. Sie wissen bereits eine Adresse und ich dolmetsche. So quartieren wir uns gemeinsam ganz in der Nähe ein.

143

Auf dem Weg dahin bin ich fassungslos, durch welchen Müll wir nach der nächtlichen Fiesta in der Altstadt waten. So früh wie wir sind jetzt am Sonntag notgedrungen die ersten Müllmänner erschienen, die das Chaos lärmend zu beseitigen versuchen. Denn später am Vormittag soll eine Prozession durch die Altstadt führen, einige Altäre sind schon aufgebaut und werden nach und nach mit Blumen geschmückt. Seit meiner Kindheit habe ich keine Prozession mehr gesehen, doch diese will ich anschauen.

Noch vor neun gehe ich zu der beeindruckenden Kathedrale Santa María de Regla, die im 14. Jahrhundert mit Hilfe französischer Baumeister fertig gestellt wurde. Sie wurde auch die »Pulchra Leónina«, die »Schöne von León«, genannt. Auf dem weiten Vorplatz erinnert eine lebensgroße Bronzestatue an einen erschöpften Pilger, der ergriffen und bewundernd die kunstvolle Fassade zu betrachten scheint. Aus hellem, ockerfarbenem Stein gebaut, wirkt die gotische Kathedrale schlank, hochstrebend, in sich geschlossen und wirklich »schön«.

Hinter den knarrenden Portalen tauche ich in Stille und in ein Meer von farbdurchflutetem Licht ein. Bewegt bleibe ich stehen: Mir war nicht bewusst, wie sehr ich in den spanischen Kirchen bisher die farbigen Fenster vermisste. Durch die Fenster aus Alabaster, wie ich es bisher gesehen habe, wird der sakrale Raum in ein weißlich-mildes Licht gehüllt. Hier aber schwelge ich in Purpur und tiefem Blau, in warmen Gelb- und Goldtönen, sauge mich voll mit Farben nach den Tagen in der öden Meseta. Immer wieder kehre ich tagsüber zurück, erlebe, wie die Sonne um die verschiedenen Fenster wandert, kann mich an den wunderbaren Farben kaum satt sehen.

Am späten Vormittag dann die Prozession. Vorher herrscht schon große Aufregung bei den ungefähr dreißig Männern, die ein kostbares Hostiengefäß auf einem barocken Ungetüm von Gestell tragen werden. Einigen fehlen offenbar die passenden »Prozessionskrawatten«, schließlich kommt derjenige, der sie ihnen austeilt. In Eile werden sie umgebunden, denn vorne am Zug beginnt schon die Musik zu spielen. Dann ein Kommando, und die dreißig Männer schultern das Gestell und setzen sich, vorsichtig und langsam, in schwankendem Gleichschritt in Bewegung. Kommunionkinder streuen Blumen, wie auch ich es früher an Fronleichnam getan habe. Aus den Fenstern werfen alte Frauen Rosenblätter. Die Blechbläser schmettern Kirchenlieder, dass es in den engen Altstadtstraßen nur so hallt.

Unweit der Kathedrale, deren Stille und Farbenpracht mich immer wieder magisch anzieht, liegt die Real Basílica San Isidoro. Schon am Vortag war mir die reich mit Figuren verzierte, wahrscheinlich frühromanische Fassade aufgefallen. Im Gegensatz zu früheren Pilgern ist für mich aber nicht der Reliquienschrein der Höhepunkt, sondern der ausgemalte Säulensaal in dem an die Kirche anschließenden Königspalast aus dem 11. Jahrhundert. In eleganten Bewegungen und in den warmen Farbtönen von Naturpigmenten sind in den Kreuzgewölben biblische und weltliche Szenen gestaltet. Da gibt es sowohl die Verkündigungsszene bei den Hirten und die Geburt Jesu als auch Szenen des ländlichen Lebens, die fast wie gestern gemalt erscheinen. Ich kann mich nicht satt sehen an den tänzerisch gestalteten Bewegungen der Figuren und formschön ineinander greifenden Kompositionen.

Als ich am frühen Abend auf einem kleinen Altstadtplatz sitze, höre ich von einer anderen Pilgerin wieder eine der »Geschichten von Wundern und Heilungen«, wie sie wahrscheinlich schon immer auf dem Pilgerweg weitererzählt wurden: Sie habe einen Holländer getroffen, der seinen ersten Weg von Utrecht aus mit einer Krebsdiagnose und mit einer Lebenserwartung von noch ungefähr einem Jahr antrat. Als er nach einem halben Jahr der Wanderschaft von Santiago zurückkehrte, war der Tumor kaum noch zu sehen. Die Untersuchungen bestätigten: Er ist fast geheilt. Nun geht er nach einer Zeit der Erholung den Weg ein zweites Mal.

Gerade als sie ihre Geschichte abschließt, sehe ich Tim über den Platz kommen. Welch ein Zufall. Wir begrüßen uns freudig und es gelingt mir, ihn im selben Hostal unterzubringen. Und wen entdecken wir abends von ferne in einer Seitenkapelle der Kathedrale, in die wir noch einmal gehen: Philippe, versunken die Arme um eine Frau geschlungen. Er sieht uns nicht und ich habe Scheu, ihn anzusprechen. Liebe auf dem Pilgerweg!

So endet der freie Tag in León doch wieder mit Tim, dem ich noch Lena und Mary vorstelle. Morgen früh werde ich weiterwandern, während er seinen Ruhetag hier genießen wird.

7. Durch einsame Berglandschaften bis nach Galicien
Von León nach O Cebreiro

28. Tag

León – Hospital de Orbigo (35 km), Montag, den 25.6.

Fast wehmütig folge ich bei Sonnenaufgang den in das Straßenpflaster eingelassenen Jakobsmuscheln durch die stille Altstadt. León hat mir gefallen. Einerseits wäre ich gerne noch etwas in dieser lebendigen Stadt geblieben, andererseits freue ich mich auch auf die Stille des Gehens, die Einsamkeit der Wege, die weiten Himmel voller Lerchengezwitscher.

Es geht noch einmal vorbei an der Kathedrale und Basílica San Isidoro bis zum Fluss Bernesga, an dem das im Renaissance-Stil erbaute Hotel San Marcos liegt: Ein palastartiges Gebäude ursprünglich des Ritterordens von Santiago, der im 16. Jahrhundert die Wege der Pilger sichern sollte (wie es im 12. Jahrhundert Aufgabe der Templer war). Ganz bescheiden an der Seite ein ehemaliges Pilgerhospiz – der Kontrast könnte größer kaum sein! Heute steigen Nobeltouristen im Palast ab, der zu einem Parador umgebaut wurde – manchmal vielleicht auch ein Nobel-Pilger.

Es gibt nach acht Kilometern zwei Wegvarianten nach Hospital de Orbigo. Ich wähle die längere, die dafür nicht parallel zu Straßen verläuft. Nach den üblichen Ausfallstraßen ist auch das Grünland bald zu Ende. Es gilt, noch einmal ein Stück Meseta zu durchqueren. Wieder tauche ich in die Weite der Hochebene ein, wieder die trockene, aufgerissene Erde, steppenartige, unbebaute Flächen oder schon abgeerntete Stoppelfelder. Manchmal ist der Boden auch frisch umgepflügt und dann kommt eine braune, lehmige Krume zum Vorschein. Doch immerhin gibt es jetzt ab und zu etwas Buschwerk, vereinzelte Krüppeleichen und manchmal auch ein niedriges Wäldchen.

In weiten Abständen wandere ich mit den beiden Schweizerinnen. Lena und Mary sind seit langem befreundet, aber Mary lebt seit einigen Jahren in Australien. Als Lena ihr von ihrem Plan, den Jakobsweg zu wandern, erzählte, war sie sofort Feuer und Flamme. So haben sie sich in St.-Jean-Pied-de-Port getroffen und sind zusammen gestartet. Doch irgendetwas scheint jetzt bei den beiden zu klemmen. In der Frühe haben wir noch ein paar Worte miteinander gewechselt, danach geht jede von uns in ihrem eigenen Rhythmus. Mittlerweile wäre es auch fast zu heiß zum Sprechen.

Glücklicherweise gibt es ein paar kleine Dörfer mit Brunnen. Gegen Mittag komme ich nach *Villar de Mazarife* und schaue, wo ich Rast machen kann. In dem kleinen Ort gibt es eine bescheidene, kommunale Herberge, die zu meinem Erstaunen offen steht. Niemand ist zu dieser Zeit da, nur Lena trudelt ebenfalls ein. So kann ich wieder auf alten Matratzen am Boden einer den Innenhof säumenden, schattigen »Galerie« einen Mittagsschlaf halten, welch ein Luxus!

Doch ich habe keine Lust, die heutige Etappe schon zu beenden. Nach dem Ruhetag in León fühle ich mich noch stark. So mache ich mich gegen zwei Uhr wieder auf den Weg, im glühenden Nachmittag. Hier gibt es zum Teil bewässerte Felder, und ihr Grün erfrischt die Augen. Irgendwann trotte ich so auf dem Grasstreifen seitlich einer kleinen Landstraße entlang, als ich einem Bauern begegne. Nach freundlichem Gruß fordert er mich erstaunt auf, doch auf der Landstraße zu gehen, die sei ganz neu und sie hätten lange um sie gekämpft. Ach, wenn der wüsste, wie sich nach dreißig Kilometern eine heiße Teerstraße unter den Füßen anfühlt! Als ob man auf einem glühenden Rost ginge! Und dazu federt das Gras den Schritt noch weich ab! Nicht umsonst sieht man auf einem Wegstück entlang der Straßen seitlich immer einen kleinen Trampelpfad im Grünen.

Irgendwann treffe ich Lena wieder und wir wandern ein Stück gemeinsam. Die Erde färbt sich zunehmend rot. In einem kleinen Ort eine Überraschung: Aus einem Haus ertönt Tanzmusik, ein Pfeil verweist auf einen Wasserhahn mit der Erlaubnis, sich zu bedienen, und eine Leiter liegt vor einem Baum mit reifen Kirschen. Das muss ein Freund der Pilger sein! Nachdem wir die Rucksäcke abgeworfen und unseren Durst gelöscht haben, bekommen wir trotz der Hitze Lust auf ein improvisiertes, wenn auch gedämpftes Tänzchen auf der menschenleeren Straße. Leider wirkt das Haus leer, denn niemand antwortet auf unser Rufen und die Frage, ob wir ein paar Kirschen ernten dürfen, denn die erreichbaren sind alle schon abgepflückt. Letztlich traue ich mich dann doch nicht, die Leiter anzustellen, aus Angst, den Hinweis vielleicht falsch verstanden zu haben und die Pilger in Verruf zu bringen.

Das letzte Stück zieht sich, zumal die Wegzeichen einer großen Baustelle zum Opfer gefallen sind und wir etwas

herumirren: an Gleisen entlang, über eine große Fernstraße hinweg, ach, endlich Hinweise auf Hospital de
Orbigo und nach weiteren fünfhundert Metern die romanische Brücke aus dem 13. Jahrhundert mit insgesamt
neunzehn Jochen! Offenbar berücksichtigt sie die Hochwasser im Frühjahr, für mich kaum vorstellbar, wenn ich
jetzt den bescheidenen Fluss betrachte, in dem einige Kinder baden.

In *Hospital de Orbigo* gab es ehemals ein Johanniter-Hos-
piz für Pilger. Heute liegt die Pilgerherberge in einem alten
Haus, das von der Deutschen Jakobsgesellschaft liebevoll
restauriert wurde. Es verfügt über einen kleinen, begrün-
ten Innenhof mit altem Brunnen und Bänken, auf denen
schon einige Pilger ihre Füße verarzten, als wir eintreten.
Ja, heute ist es sehr spät geworden und völlig erschöpft fallen wir nach 35 Kilometer auf zwei Matratzen, die uns der
Hospitalero in einen Nebenraum zur Küche legt. Welch
ein Glück, nur Lena und ich schlafen hier. Kein Schnarcher
wird stören. Ich schaffe gerade noch den Weg zum Laden,
um eine Konserve zu erstehen, die ich mir aufwärme.
Danach genieße ich nur noch die Ruhe hier.

29. Tag

Hospital de Orbigo – Astorga (18 km), Dienstag, den 26.6.

Als ich morgens wach werde, packt Lena schon ihren
Rucksack und bricht eine halbe Stunde vor mir auf. Ich
schaffe den Absprung erst um 7.15 Uhr. Wie wohltuend,
dass die heutige Etappe bis Astorga nicht so weit ist. Doch
danach beginnen endgültig die Berge von León, der Weg

wird bis auf 1500 m ansteigen. Jetzt, wo ich alleine unterwegs bin, gehen mir diese Herausforderungen eher unter die Haut, fühle ich mich allen Unberechenbarkeiten stärker ausgesetzt. Umgekehrt habe ich schon gestern bemerkt, dass mich auch jede kleine Freundlichkeit der Menschen am Weg mehr erreicht. Ich bin jetzt stärker auf andere angewiesen, falls irgendwelche Schwierigkeiten entstehen sollten.

Glücklicherweise hält das Wetter, heute weht sogar ein leichter Wind. Wieder geht es über weite Felder, die jetzt häufig bewässert sind. Oft wird Mais angebaut, manchmal Hopfen, seltener auch Wein. Zunehmend führt der Weg über Hügel und kleine Wälder mit Krüppeleichen. Auch blühende Esskastanien mehren sich. Manchmal laufe ich durch Heide und Buschwald, ab und zu weiden Kühe darin. Es scheint ein uralter Eselspfad zu sein, den ich entlangwandere, vielleicht war es auch eine der alten Römerstraßen, die nach Astorga führten. Auf einem der Felder eggt ein Bauer mit einem Maulesel, ein Bild wie von der Jahrhundertwende. Umso überraschter bin ich, als er nicht nur auf Spanisch grüßt, sondern auch auf »Schwitzerdeutsch«. Offensichtlich sucht er Gelegenheiten zum Sprechen. Er hat lange in Zürich gearbeitet und ist nun im Alter zurückgekehrt. Wir verabschieden uns herzlich.

Ich kann es gar nicht fassen, wie schnell die zwölf Kilometer bis zum alten Wegkreuz von Santo Toribo geschafft sind! Hier treffe ich Lena wieder, die ebenfalls den weiten Blick ins Tal, auf Astorga und auf die bewaldeten Berge von León genießt. Ein Höhenzug hinter dem anderen baut sich auf, bis sie sich im Dunst verlieren. Kaum ein Dorf ist zu sehen, nur weites, bewaldetes Land, das die Pilger wegen der unberechenbaren Wetterlagen seit jeher fürchteten. Auch wir beide schauen immer wieder mal verstohlen auf die Schneeplacken, die in der Ferne an den Gipfeln leuchten.

Nun sind es nur noch wenige Kilometer bis zum plateauartigen Hügel, auf dem Astorga seit römischen Zeiten als befestigte Siedlung liegt (damals Asturica Augustum genannt, wahrscheinlich auf die keltischen Asturer zurückgehend). Hier kreuzten sich viele Handelswege, auf denen unter anderem die Erze aus den Bergen von León in andere Teile Spaniens transportiert wurden. Gold gehörte auch dazu. Für die Pilger war Astorga ein wichtiger Ort, um hier zu verweilen, für die Berge von León Kräfte zu sammeln und sich auszurüsten. Davon zeugten zahlreiche Hospize, angeblich waren es einmal 22. Heute ist Astorga jedoch zu einem Ort von ca. 15 000 Einwohnern geschrumpft, überragt von einer riesigen Kathedrale (15.–18. Jahrhundert) und dem neugotischen Bischofspalast, den Antonio Gaudi um die Jahrhundertwende schuf.

Wir betreten den Ort durch ein altes Tor in der beeindruckenden Stadtmauer, die auf römischen Fundamenten fußt. Durch ein paar Gassen kommen wir bald zur Altstadt mit ihren einladenden Plätzen und liebenswürdig altmodisch wirkenden Läden. Es ist erst halb zwölf, trotzdem fragen wir uns zur Pilgerherberge durch. Wir finden sie in der Nähe der Ummauerung, doch – wie befürchtet – ist sie noch geschlossen. So besorge ich mir etwas zu essen und will mir gerade einen Platz für mein Mittagsmahl suchen, da höre ich klassische Musik: Mozart, ein Stück für Geige und Klavier, mit Hingabe gespielt. Zu meinem Erstaunen scheint es hier ein Konservatorium zu geben. Ich verzichte auf eine Bank an der Aussichtsterrasse und halte andächtig lauschend mein Picknick auf dem Bordstein sitzend, nur um weiter diese Musik genießen zu können. Ich hätte nicht gedacht, wie sehr sie mich berührt. Vielleicht ist diese Musik für mich ein Stück innere Heimat in der Fremde?

Andere Pilger trudeln nach und nach ein. Als die Herberge öffnet, ertönt auch hier klassische Musik im Hintergrund, diesmal Beethoven. Ein Zufall? Wir werden von einem sympathischen Hospitalero-Paar empfangen, sie ist Engländerin, er Holländer. Zwischen ihnen webt sich so viel Liebevolles, dass es auch für andere spürbar ist. Sie machen den harten Job hier für zwei Wochen, doch sie scheinen den Empfangsraum dieser eher unpersönlich-großen Herberge mit einer fast zärtlichen Atmosphäre erfüllen zu können.

Der Schlafsaal ist riesig und zu meinem Schreck sind diesmal auch noch jeweils zwei Hochbetten aneinander geschraubt, d.h. die Pilger nächtigen im Viererpack. Ich versuche mich damit zu trösten, dass es ja vielleicht nicht ganz voll wird, doch weit gefehlt. Kaum habe ich mich zu einem kleinen Siesta-Schläfchen hingelegt, da fallen auch schon schwere Rucksäcke auf die anderen Betten, so dass alles nur so wackelt. Die bloße Berührung des Bettes scheint sich als Vibration weiterzuvermitteln. Meine Erfahrungen mit Erdbeben sind sofort wieder aktualisiert. Das kann ja heiter werden, denke ich, und: Ausgerechnet vor der anstrengenden Etappe bis Rabanal del Camino morgen!

Dann stehe ich kurz entschlossen auf, packe wieder meinen Rucksack zusammen und beschließe, heute noch aus Astorga hinauszuwandern. Ungefähr vier Kilometer weiter soll es noch eine kleine und sehr einfache Herberge geben. Die sind mir am liebsten, denn die Matratzen liegen – mangels Geld für Betten – meist auf dem Boden. Als ich den erstaunten Hospitaleros beim Hinausgehen meine Entscheidung vermittle, halten sie mich betroffen auf. Ich hätte doch schon bezahlt und – sie haben da noch eine Idee: Ob ich nicht vielleicht ein bisschen krank wäre, dann könnte ich nämlich in die Krankenstube, die würde voraussichtlich nicht voll. Als ich den kleinen Raum mit nur wenigen und stabilen Hochbetten sehe, bin ich erleichtert und gleichzeitig beschämt, weil ich gerne dort bleibe. Die Aussicht auf guten Schlaf ist allzu verführerisch. Mein Umzug bringt mir allerdings den strafenden Blick und eine kritische Bemerkung von Lena ein, die meint, ich sollte das Trauma mal bearbeiten (und nicht stattdessen davon profitieren!). Irgendwie hat sie Recht. Warum nehme ich die Dinge nicht, wie sie kommen? Warum habe ich in eine Extrabehandlung eingewilligt?

In manchen Herbergen hat jemand Sinn für Praktisches: In einem Gang hängt ein Wandbrett mit der Aufschrift: »Lass hier, was du zu viel hast, und nimm mit, was du brauchst!« Da liegen Handtücher und Medikamente, T-Shirts und Socken. Ich finde eine Salbe, die meiner immer wieder schmerzenden Achillessehne gut tut, und lasse andere Medikamente da.

Nachmittags habe ich richtig Zeit und bin von der kurzen Etappe auch nicht so müde. So schlendere ich durch den Ort, schaue mir die Ausgrabungen mit Mosaiken aus römischer Zeit an, sitze in einem kleinen Park und beobachte die spielenden Kinder. Ich habe etwas für eine gemeinsame Mahlzeit abends eingekauft. Ein ehemaliger Pilger, Olivio, wird in der großen Küche der Herberge eine einfache Knoblauchsuppe für alle kochen und wir werden unsere Gaben miteinander teilen, eine schöne Idee.

Während ich auf meiner Parkbank einfach Zeit vergehen lasse und meinen Gedanken nachhänge, geschieht plötzlich etwas mit mir. Es ist, als ob sich blitzartig eine andere Dimension öffnete. Ich erlebe in einem einzigen, großen Aufleuchten eine vollkommene Verbundenheit und Übereinstimmung mit allem, eine tiefe Dankbarkeit und Freude, einfach nur zu sein, eine unendliche Ruhe und Erfüllung in der Schönheit, die mich umgibt. Ein Gefühl, als ob die Zeit stehen bliebe, als ob es keine Zeit mehr gäbe ... Als es mir bewusst wird, klingt es auch schon wieder ab. Doch diese Erfahrung bewegt mich tief und schwingt lange in mir nach.

Gegen Abend kehre ich in die Pilgerherberge zurück. Es entsteht eine lebendige Gemeinschaft in der Küche. Wir sitzen um den reich gedeckten Tisch, zu dem jeder etwas beigetragen hat, und versuchen, uns etwas in den verschiedensten Sprachen zu erzählen. Irgendwann steht der ungefähr 60-jährige Olivio auf und berichtet auf Spanisch von seinem eigenen Pilgerweg und dass er sich seitdem um die Pilger kümmere. Mich rühren seine Worte an, gerade nach diesem Nachmittag im Park. Als wichtigste Sätze bleiben mir im Gedächtnis: *Man kann den Weg gehen und ihn doch vermeiden* – indem man sich nicht wirklich auf ihn einlässt.

Ferner: *Der Weg* **beginnt** *in Santiago* – die eigentliche Herausforderung fängt erst dann an, wenn es gilt, die Einsichten während des Weges nun in den eigenen Alltag zu integrieren. Gut, dass er es hier so klar formuliert. Es sind nur noch circa 240 Kilometer bis Santiago …

Aber dann teilt er Blätter aus und bittet uns, zum gemeinsamen Gebet dazubleiben. Er liest Passagen vor und wir sollen die aufgeschriebene Antwort ebenfalls laut verlesen. Das kommt mir vor wie in der Schule. Bis auf einige, die rausgehen, tun es alle bereitwillig, auch ich, doch es macht mich eher traurig. Obwohl ich verstehe, was ich ablesen soll, entspricht es meiner Art zu beten überhaupt nicht. Ich fühle mich fremdbestimmt und plötzlich einsam unter diesen Menschen, für die dies vielleicht ihr religiöser Ausdruck ist? Oder geht es ihnen etwa ähnlich wie mir? Mir fällt die Strophe eines Gedichts von *Rilke* ein:

> Wir bauen Bilder vor Dir auf wie Wände
> So dass schon tausend Mauern um dich stehn.
> Denn Dich verhüllen unsre frommen Hände,
> So oft Dich unsre Herzen offen sehn.[24]

30. Tag

Astorga – Rabanal del Camino (20 km), Mittwoch, den 27.6.

Heute ist es bewölkt und hinten in den Bergen scheint es zu regnen. Ich breche alleine auf, wie immer in den letzten Tagen. Zuerst geht es wieder an Ausfallstraßen aus Astorga hinaus, dann an einer kleinen Kapelle vorbei. Hier halte ich inne, versuche, bei mir selbst und in diesem neuen

Morgen anzukommen. Dieses kleine Ritual tut mir jedes Mal gut.

Hinter Astorga beginnt der Weg langsam anzusteigen. Die Luft ist feucht, ein würziger Duft liegt über den Hügeln. Ginster und Heidekraut blühen, manchmal entdecke ich wilden Lavendel. Nach ungefähr zwei Stunden erreiche ich *Castrillo de los Polvazares*, angeblich das schönste Dorf des Maragato oder der Maragateria, wie dieser Landstrich auch heißt. Er hat seinen Namen von den »maragatos«, was sich von »mercatores« herleiten soll: Einheimische, die anfangs Menschen über den Pass geleiteten, später auch deren Lasten mit Fuhrwerken transportierten und danach in ganz Spanien mit ihren Ochsenkarren unterwegs und wegen ihrer Tracht (schwarze Pluderhosen) und ihrer Zuverlässigkeit bekannt waren. Das Dorf selbst erscheint komplett restauriert und liegt noch wie ausgestorben da. Die Häuser sind aus rötlichem Gestein errichtet, Fenster und Türen häufig in Grüntönen angemalt. Alles wirkt zu dieser frühen Stunde ein wenig kulissenhaft, nur ein paar Katzen huschen umher.

Fast bin ich froh, als ich am alten Steinkreuz abbiegen und wieder zum Camino zurückkehren kann. Jetzt gilt es, mich endgültig den weiten Bergen zuzuwenden. Ich kann verstehen, dass dieser einsame Landstrich den Pilgern zu allen Zeiten Angst machte. Wahrscheinlich waren es nicht so sehr Räuberbanden als schlicht die Gefahr, sich in den Bergen zu verlaufen oder von Wetterstürzen bedroht zu sein, ohne dass eine Menschenseele ein Dach oder irgendeinen Schutz hätte bieten können. Und die wenigen Dörfer, die es gab, sind jetzt zum Teil oder gar vollständig verlassen. Es ist trostlos, in einem solchen Ort auf einem Erdweg, der ehemaligen Hauptstraße, an lauter Häusern mit eingestürzten Dächern oder verrammelten Fenstern und Türen vorbeizuwandern. Irgendwo steht eine alte Badewanne mitten auf dem Weg, wahrscheinlich als Viehtränke genutzt.

Und doch bewegt mich diese beginnende Einsamkeit, dieser Landstrich, der so unattraktiv für die Moderne ist, dass niemand hier investiert. Schon immer sollen sich Widerständige hierher zurückgezogen haben. Aber mit der jetzt alten Generation scheinen die Menschen hier fast auszusterben. Eine Weile gehe ich und sinne über diesen Eindruck nach. Da verändert sich das Bild plötzlich und ich staune nicht schlecht: Offenbar hat sich eines Tages eine wohlmeinende örtliche Institution in der Nachfolge von Santo Domingo de la Calzada gefühlt (der damals Wege anlegte und befestigte, damit sich Pilger nicht mehr so häufig verirrten). Jedenfalls erscheint neben der schmalen Erdstraße plötzlich ein neuer Kiesweg und alle paar Kilometer gibt es eine kleine Picknickstelle mit Abfallkübel. Ich bin entsetzt über dieses falsch verstandene Engagement für die Pilger. Oder will man Touristen das Gefühl geben, den Sonntagsspaziergang auf dem Jakobsweg machen zu können? Der Weg läuft fast schnurgerade, eine Vergewaltigung der Landschaft und Geldverschwendung!

Irgendwann treffe ich Lena, die am Abhang hockt und sich ausruht. Die Nacht im Schlafsaal von Astorga war offenbar wirklich schrecklich. Ich bin nachträglich froh, dass ich umgezogen bin. Ein Weilchen setze ich mich zu ihr, dann wandern wir das letzte Stück bis Rabanal del Camino zusammen. Die große, private Herberge hat kurz vor eins schon geöffnet. Ich kann mir einen Platz aussuchen, wähle den hintersten Schlafsaal und lege mir eine der Notmatratzen auf den Boden. Nach einem improvisierten Mittagsmahl strecke ich mich aus und schlafe – kaum zu glauben – ganze fünf Stunden bis abends um sechs. Da wecken mich glücklicherweise Pilger, die die Betten belegen.

Der lange Schlaf war erquickend. Leider habe ich deswegen die gregorianischen Gesänge der drei Mönche verpasst, die diesen Ort überhaupt erst wieder zum Leben erweckt haben. Sie stammen aus der Benediktinerabtei in St. Ottilien im Elsass und hatten sich vorgenommen, in diesem vor ein paar Jahren noch verlassenen Dorf die Kirche zu renovieren und aus einem der weniger baufälligen Häuser eine Pilgerherberge zu machen. Dies gelang ihnen und so übernachteten wie früher Pilger wieder im Ort. Bald erschienen einige der ehemaligen Bewohner wieder, renovierten ihre Häuser und machten Restaurants, Läden und nicht zuletzt ein Hostal auf. In das hat sich Lena zurückgezogen. Sie will eine Nacht mal richtig gut schlafen und vor allem auch mal baden.

Schade, denke ich, so muss ich alleine essen heute Abend. Doch welche Überraschung! In einem der Restaurants treffe ich Jean-Philippe und Sandy. Neben ihr schlief ich in Estella und ihn sah ich in Viana das letzte Mal. Ein Franzose, der kaum Englisch spricht, und eine Amerikanerin, die kein Französisch kann. Ich setze mich zu ihnen. Sie sind verliebt, das merke ich gleich, und haben sich in Astorga ein kleines Übersetzungsgerät gekauft. Als ich nach Philippe frage, höre ich, er sei etwas hinter ihnen, und: In

Sahagún habe er »Princess« kennen gelernt, jedenfalls nenne er die Pilgerin so. Seitdem wanderten auch sie zusammen. Diese Funktion kann der Pilgerweg also auch haben ...

31. Tag

Rabanal del Camino – Manjarin – Molinaseca (26 km), Donnerstag, den 28.6.

Dies war ein eigentümlicher Tag! Morgens sehr erfrischt losgegangen. Es ist richtig kühl in der Frühe und der Weg steigt weiter an. Nach einigen Kilometern bin ich doch überrascht, als ich zwischen Ginster und Macchia die spärlichen Reste einer Klosterruine entdecke: *Foncebadón*. Sogar ein Kirchenkonzil fand hier oben im 10. Jahrhundert statt, damals wird es wohl ein bedeutendes Kloster gewesen sein. Heute sieht man nur noch die Umrisse der Ummauerung und eine leere Fensteröffnung. Auch das gleichnamige Dorf ist anscheinend vollständig verlassen. Hier hatte im 11. Jahrhundert der Einsiedler Gaucelmo ein Hospiz für Pilger begründet, knapp dreißig Kilometer hinter Astorga, einen Tagesmarsch entfernt.

Das bekannte »*Cruz de Ferro*« (Eisenkreuz) am Pass ist bald in Sicht. Auf einem beeindruckenden Steinhaufen erhebt sich hier ein Stamm mit dem Kreuz. Schon zu römischer Zeit gab es offenbar die Tradition, dem Gott Merkur, dem Hüter der Wege, einen Stein an dieser Stelle hinzulegen, die mit 1504 Meter Höhe damals für die höchste Erhebung des Jakobsweges durch Spanien gehalten wurde. Die Pilger haben dieses kleine Ritual beibehalten, nur dass sie von ihrem Herkunftsort einen winzigen Stein mitbringen, den sie hier ablegen. Auch ich habe einen dabei, allerdings dachte ich erst in den Pyrenäen daran, ihn einzustecken. Als ich hochsteige, bin ich mir bewusst, dass dieser Steinhügel die Anstrengungen und frommen Wünsche von Generationen Pilgern sinnlich wahrnehmbar macht. Ich lege meinen Stein nieder – neben einen, auf dem »Montreal« steht. Wahrscheinlich sind hier Relikte aus aller Welt versammelt!

Von der Höhe kann der Blick weit in die Ferne schweifen. Im sanften Morgenlicht reiht sich eine Bergkette an die andere, bis sie sich im Dunst verlieren. Kein Dorf ist zu sehen, kein Zeichen menschlicher Besiedlung. Nur einen Schäfer treffe ich beim Weitergehen. Seine große Herde wird von einem Dutzend Hunden gehütet, davon ist die Hälfte ungewöhnlich groß. Verwundert frage ich ihn danach. »Die Kleineren hüten die Herde«, antwortet er mir, »die Großen brauche ich, um sie gegen die Wölfe zu verteidigen!« Eigentlich verständlich, dass hier Wölfe leben, wo sonst, wenn nicht hier! Doch ich bin froh, an einem Sommermorgen zu wandern und nicht in einer Winternacht bei Wolfsgeheul. Bald darauf stoße ich wieder auf ein neueres Holzkreuz für einen gestorbenen Pilger. Ist es die Höhe, die mit dem langen Weg verbundene Anstrengung, dass die Kreuze zum Gedenken Verstorbener zunehmen, je mehr wir uns Santiago nähern?

Kurz darauf sehe ich wieder einige zerfallene Steinhäuser – aber halt, da ist ja eins wieder hergestellt und jemand hat eine blaue Plastikplane als Regenschutz vor einen improvisierten Innenhof gespannt. Ich bin in *Manjarín*, der sehr einfachen Herberge in einem verlassenen Dorf. Als ich mich nähere, muss ich wirklich lachen. Da stehen Wegweiser mit den Kilometerangaben nicht nur nach Santiago (jetzt sind es nur noch 222 Kilometer), sondern auch nach Rom (2 475) und nach Jerusalem (ca. 5 000). Da hat jemand die drei großen Wallfahrtsstätten des Abendlandes zusammengestellt. Wer ist das?

Ich wandere nicht daran vorbei, sondern steige die paar Meter hoch und beschließe, eine kurze Rast zu machen. Hier begegne ich Tomás, dem etwa fünfzigjährigen Hospitalero. Da er gerade Zeit hat und keine anderen Pilger etwas von ihm wollen, kommen wir ins Gespräch. Einer Art Aushang habe ich entnommen, dass er hier in dieser Einöde die Templertradition fortzuführen versucht, wie es uns schon in Sambol begegnet ist. Er sei selbst ein Pilger gewesen, fährt er fort, der 1993 von Astorga aus hier hoch wanderte. Damals gab es bis Ponferrada keine Pilgerherberge, das sind rund 50 Kilometer! Als er an einer Quelle gleich in der Nähe vorbeikam, hatte er die Eingebung, dass er hier in einem der verlassenen Häuser eine Herberge aufmachen sollte. Er kehrte noch vor Santiago um und setzte alles dran, dies möglich zu machen. Jetzt kann er einige Schlafplätze unter dem Dach anbieten und im Winter ein wärmendes Feuer. Häufig ist der Pass überraschend zugeschneit und unpassierbar, so dass auch heute noch Pilger heilfroh sind, wenn sie hier Unterschlupf finden.

Tomás erzählt, dass von hier aus der ursprüngliche Pilgerweg durch das »Tal des Schweigens« nach Peñalba führte und von dort durch eine Klamm zu der Einsiedelei des hl. Genaro (oder Genadio), der vor Jahrhunderten in einer Berghöhle lebte. Dies sei ein wirklich heiliger Ort, einsam und geeignet für ein paar Tage Klausur. Ob ich nicht hinwandern wolle, es sei in einem Tag zu schaffen. Ich spüre, dass ich wirklich Lust dazu hätte. Doch allein? Da habe ich Angst, mich vielleicht auf dem nicht ausgeschilderten Weg durch die wilde Berglandschaft zu verlaufen. Tomás macht mir zwar eine kleine Wegskizze, doch sie erscheint mir wenig informativ und ich zögere. Immer wieder wende ich es innerlich hin und her. Dann beschließe ich, ein bis zwei Stunden zu warten, ob ich jemanden finde, der diese Strecke mit mir zusammen gehen würde. Warum habe ich nicht den Mut, den Pfad durch die Wälder alleine zu gehen? Dass Tim plötzlich keine Nachrichten mehr im Pilgerbuch von mir vorfände, ist nur ein Vorwand. Ich merke, dass ich innerlich doch noch nicht frei genug bin, einfach ein Abenteuer zu riskieren.

Während ich immer noch darauf warte, ob ich vielleicht einen Weggefährten finde, fällt mir ein großes Frauenbildnis auf, das auf der »Veranda« an der Wand hängt, darunter ein Bild von Jerusalem und die Bibel. Ich frage Tomás, wer diese Frau sei. Nach einigem Zögern und Ausweichen erzählt er schließlich Folgendes:

Einmal sei die Quelle versiegt, ohne dass er einen Grund gefunden hätte. Er war verzweifelt, dachte, dass er ohne Wasser Manjarín aufgeben müsse. In dieser Situation geschah es, dass es gegen Mitternacht ans Haus klopfte. Tomás war schon nebenan schlafen gegangen, es öffnete ein Helfer, der damals mit ihm hier oben lebte. Er ließ eine Pilgerin eintreten, die ein Quartier suchte. Sie wollte nur noch etwas trinken und legte sich dann zur Ruhe.

Am nächsten Morgen gegen Sonnenaufgang kam er und erfuhr von dem späten Gast. Das Credencial wies sie als Pilgerin aus, die von Jerusalem kam! Das war noch nie dagewesen! Eine solch weite Strecke, und dann noch als Frau und allein! Er sah die Frau ein paar Meter weiter im Garten betend, zur Sonne ausgerichtet. Neugierig betrachtete er sie: Keine Pilgerklamotten, sondern ein langes Kleid. Keine Bergschuhe, sondern Sandalen. Und keine schwieligen oder verpflasterten Pilgerfüße, sondern zarte Frauenhaut. Das konnte er kaum glauben. Irgendwie war es sonderbar. Danach fragte er sie, wer sie sei. »Russin«, sagte sie. Und sie sei tatsächlich von Jerusalem über Zypern, Griechenland, Rom bis hierher gelaufen. Ihr Ausweis belegte dies auch.

Tomás beginnt zu schwärmen, als er sie schildert. Sie habe so tiefe Augen gehabt und eine wunderbare Ausstrahlung. Es sei eine eigentümliche Stimmung an diesem Morgen entstanden. Seltsamerweise seien Scharen von Pilgern vorbeigekommen, während sie da war. Sonst eilten sie während der Sommermonate meist weiter, um sich einen Schlafplatz in den überfüllten Herbergen zu sichern. Schließlich sei sie aufgebrochen und habe ihm zum Abschied eine duftende Rose geschenkt. Dann sagte sie ihm: »*Tomás, du musst das Schwert in Rosen verwandeln!*« Die Rose habe er zum Cruz de Ferro gebracht. Über die Bedeutung dieses Satzes denke er bis heute nach. Und: Die Quelle begann wieder zu sprudeln. Alles nur Zufall? Ich denke: Im Mittelalter hätten die Menschen all dies zum »Wunder von Manjarín« erklärt.

Wir werden unterbrochen. Es ist 12 Uhr Mittag und

Tomás wird daran erinnert, die kleine Glocke zu läuten. Jetzt gibt es ein Gebetsritual, das er täglich nach der Templertradition ausführt. Es gäbe noch einige Templer, meinte er. Doch seit den mittelalterlichen Ketzerprozessen hätten sie sich in den Untergrund zurückgezogen. Er hält ehrfurchtsvoll ein langes Schwert vor die Brust, liest einige Gebete, küsst die Bibel und auch das Schwert, nachdem er es ans Herz gepresst hat, spricht zum Abschluss mit allen Pilgern, die dabei sind, das Vaterunser, jeder in seiner Sprache.

»Das Schwert in Rosen verwandeln ... « geht mir durch den Sinn. Betrifft es auch dieses Templerritual? Sollte er es vielleicht aufgeben? Einfach nur so ein Helfer auf dem Weg sein, ohne diesen etwas grandiosen Hintergrund, der ihm auch ein wenig »Ritter-Spielen« ermöglicht? Nicht mehr die alten, patriarchalen Bilder bedienen, mögen sie noch so heroisch und historisch authentisch sein? Geht es beim Bild der Rose vielleicht um Schönheit und Blühen? Geht es darum, (hinter den wehrhaften Dornen) Zartheit und Verletzlichkeit zuzulassen? Geht es vielleicht um archetypisch weibliche Seelenqualitäten dabei? – Oder, ganz anders gedacht: Ist bereits das Ritual hier eine Art Verwandlung, weil das Schwert nicht mehr zum Kämpfen und Töten gebraucht wird? Ich neige zu der ersten Version, bei aller Sympathie, die ich für den Einsatz von Tomás empfinde. Gleichzeitig schelte ich mich, denn sein Sorgen für die Pilger, seine Gastfreundschaft und Präsenz, sein »Dienst« all die Jahre zeugt von tiefer Menschlichkeit.

Kurz darauf sitzen wir noch etwas zusammen und er erzählt weiter:

Einige Tage nach dem Besuch dieser rätselhaften Fremden hätte das Fernsehen eine Sendung über den Jakobsweg aufgezeichnet und sei auch hier bei ihm gewesen. Nachdem die Sendung ausgestrahlt worden sei, habe ein früherer Freund aus Madrid sich gemeldet, den er dreizehn Jahre nicht mehr gesehen hatte. Als er kam, brachte er ihm das Schwert, das er jetzt für das Templerritual benutze. Er wollte es ihm überreichen, weil er es nicht mehr brauche. Gleichzeitig brachte er »durch Zufall« noch besagtes Bild von der langhaarigen Frau mit, das jetzt am zentralen Platz der Veranda steht. Es sei das Bild einer Frau, die seit ungefähr zwanzig Jahren im Park des Escorial-Palasts bei Madrid den Menschen erscheine. Tomás war wie vom Blitz getroffen: Diese Frau auf dem Bild hatte Gesicht und Gestalt der geheimnisvollen Fremden, die hier gewesen war. Zweimal habe er – jeweils im Winter – einen starken Rosenduft in seiner Hütte wahrgenommen, als ob dies von ihrer Anwesenheit zeugte ... Wieder frage ich mich, welch eigenartige Synchronizität dazu führte, dass Tomás von diesem Freund das Schwert und das Bild gleichzeitig erhielt. War damit vielleicht doch eine Herausforderung verbunden, mit dem Satz zum Abschied – »das Schwert in Rosen verwandeln ... « – auch ganz konkret umzugehen?

Seine Geschichte bewegt mich. Ich bleibe bis fast 13 Uhr in Manjarín, doch niemand hat Interesse, mit mir zu der Höhle des Einsiedlers zu wandern. Danach breche ich auf. Obwohl es mittlerweile auch hier oben sehr heiß ist, bin ich gestärkt und froh. Der Pfad zieht sich parallel zur Landstraße, durch blühenden Ginster und Fingerhut, Heidekraut und niedriges Buschwerk. Gedankenverloren laufe ich so vor mich hin, immer wieder mit Facetten dieser rätselhaften Geschichte beschäftigt.

Umso überraschter bin ich, plötzlich auf einer Bergkuppe vor mir eine riesige Antennenanlage zu entdecken. Der Weg mündet in die Straße ein, die das abgesperrte Areal umrundet und dahinter steil abwärts führt. Ich kann nur noch in den Graben springen, als einige Fahrradfahrer schrill klingelnd und in beachtlicher Geschwindigkeit talwärts sausen. Wie gut, dass der Weg danach wieder ins Gelände führt und ich nach ziemlich abschüssiger Strecke schließlich das alte Dorf *Acebo* erreiche ...

Hier gibt es gleich mehrere Herbergen. Die arme Landbevölkerung hat entdeckt, dass sich an den Pilgern verdienen lässt. Die meisten beenden offenbar ihre Etappen hier, auch Lena und Mary sehe ich in einem Restaurant beim Essen. Ich ruhe mich ein wenig aus, dann verabschiede ich mich und gehe weiter. Am Ortsausgang entdecke ich eine kleine Erinnerungsstätte für einen tödlich verunglückten Fahrradpilger. Ja, diese Strecke ist gefährlich, vielleicht gerade wegen der Euphorie, wenn es nach den langen Anstiegen bis zur Höhe endlich auf der schmalen und unübersichtlichen Serpentinenstraße abwärts geht. Ich bin froh, als ich von der Straße abbiegen und in das Schweigen eines kleinen Bachtales eintauchen kann.

In diesem Tal erlebe ich einen eigentümlichen Zauber: Kleine Wasserfälle rauschen, an anderen Stellen plätschern und rieseln Rinnsale aus Quellen, die sich durch üppiges Grün ihren Weg bahnen. Die feuchte Luft duftet nach Kräutern und Blüten. Nach den kargen, baumarmen Höhen gibt es hier wieder alte Bäume, die nicht mehr von

Stürmen zerzaust oder gebrochen wurden, sondern im Schutze des Tales ihre volle Größe entfalten konnten. Vögel zirpen und zwitschern in ihren Zweigen. Ich lehne mich an einen der mächtigen Stämme und halte inne, um diese Idylle aufnehmen zu können. Was habe ich heute alles erlebt! Über die Höhe des Passes ging es, vorbei an Klosterruinen und Eisenkreuz, dann die Stunden bei Tomás und jetzt der Abstieg, die Erinnerung an den verunglückten Pilger und gerade eben bin ich in dieses lauschige Tal eingetreten wie in ein kleines Paradies ... manchmal vermag ich diese Fülle kaum zu fassen. Zeilen von *Rilke* fallen mir ein:

> Tage, wenn sie scheinbar uns entgleiten,
> Gleiten leise doch in uns hinein,
> Aber wir verwandeln alle Zeiten,
> Denn wir sehnen uns zu sein ...[25]

Der Pfad schlängelt sich am Bach entlang, das Gras zu beiden Seiten steht hoch und saftig. Ab und zu meckern Ziegen, die hier weiden. Irgendwann halte ich erstaunt inne, als ich plötzlich vor einem Hain uralter Esskastanien in voller Blüte stehe. Es sind vielleicht nur ein Dutzend Bäume, doch ihre mächtigen Stämme verweisen auf Jahrhunderte, die sie an diesem Ort stehen mögen. Jede einzelne hat genügend Raum, ihre weit ausladenden Kronen berühren sich nur wenig. So ergibt sich ein ebener, schattiger Platz darunter, der wahrscheinlich eine lange Geschichte von Ritualen und Festen erlebt hat. Hier wird mir zum ersten Mal spürbar, dass ich mich uraltem, keltischem

Gebiet nähere, wie ich es bisher nur von der Bretagne und von Irland kenne. Die Berge von León waren seit jeher eine natürliche Grenze zur fruchtbaren Ebene des Bierzo und zum dahinter beginnenden Galicien, in dem schon zu vorchristlicher Zeit die Kelten siedelten.

Irgendwann mündet das kleine Tal in ein größeres ein, durch das sich ein glitzernder Bergfluss schlängelt. Welcher Wohlklang für meine Ohren, nach der langen Meseta jetzt rauschendem Wasser zu lauschen. Nach einer Weile beginnen die ersten Häuser von *Molinaseca*, was so viel wie »trockene Mühle« heißt. Die Wasser des Flusses Meruelo sind hier gestaut und Kinder baden am Fuße der alten Römerbrücke, über die ich den Ort betrete. Erst ziemlich am Ende finde ich die Herberge. Sie ist schon fast besetzt, doch glücklicherweise gibt es noch ein paar freie Betten draußen auf einer Veranda. Heute Nacht an der frischen Luft zu schlafen wird ein besonderes Vergnügen sein, zumal die spanischen Pilger in den Schlafsälen so gerne die Fenster geschlossen halten! Neben mir lassen sich Fahrradpilger nieder, die kurz zuvor eintrafen, ein lärmendes, aufgedrehtes Völkchen. Sie bleiben mir irgendwie fremd. Immerhin höre ich, dass in León eine ihr Rad verkauft hat, um zu Fuß weiterzuwandern. Ich kann sie gut verstehen.

32. Tag

Molina Seca – Cacabelos (23 km), Freitag, den 29.6.

Ich komme erst gegen acht Uhr los und laufe auf der Straße die acht Kilometer nach *Ponferrada* so gedankenverloren vor mich hin, dass ich prompt den gelben Pfeil verpasse, der auf den Abzweig des Weges hinweist. Zur Strafe quäle ich mich durch den Morgenverkehr. Diese Stadt ist größer, als ich dachte, einerseits Industriestadt, in deren Nähe Kohle gefördert und Eisenerz aus den umliegenden Bergen verhüttet wird. Andererseits liegt sie im fruchtbaren und geschützten Becken des Bierzo, in dem Palmen und Südfrüchte gedeihen. Sie wird dominiert von der mächtigen, romanischen Templerburg zwischen den Flüssen Sil und Boeza. Ihren heutigen Namen erhielt die Stadt von einer Brücke über den Sil, die schon im 11. Jahrhundert mit Eisenklammern befestigt wurde – Pons ferrada, das bedeutet: eiserne (wahrscheinlich eisenbeschlagene) Brücke.

Ziemlich lustlos besichtige ich die Burg, die mir nur abweisend erscheint. Die schutzbedürftigen Pilger des Mittelalters haben ihre massige Stärke sicher positiver beurteilt. Schließlich setze ich mich in ein kleines Lokal auf einen Platz der Altstadt und versuche, mich auf den noch kommenden Weg vorzubereiten. Auf ein Schnauben hin blicke ich hoch und sehe zu meinem Erstaunen, wie ein junges Paar einen beladenen Esel durch die Altstadt zu führen versucht. Zu beiden Seiten trägt er große, korbähnliche Taschen. Das können nur Pilger sein, auch auf dem Weg nach Compostela.

Ich habe keine Lust, den ganzen Tag hier abzuwarten, um vielleicht Tim zu treffen, wie wir es locker verabredet hatten. Lieber möchte ich weiterwandern. So frage ich mich zur Herberge durch, um ihm eine Nachricht zu hinterlassen. Kurz darauf entdecke ich Lena in der Altstadt. Auch sie sucht die Wegzeichen, um aus Ponferrada herauszukommen. Wir beschließen, wieder ein Stück zusammen zu gehen. Die Ausfallstraßen ziehen sich endlos. Nur langsam wird es wieder ländlicher und endlich, endlich finden wir einen Feldweg, der uns durch Pappelhaine, Wein- und Obstfelder nach geraumer Zeit schließlich in das Dorf *Cacabelos* führt.

Hier ist die Pilgerherberge in einem Kirchhof entstanden: Entlang der hohen Mauern um den Kirchplatz hat man mit Balken und Spanplatten eine lange Reihe von Zimmerchen erstellt. Pilgerwäsche flattert an der Leine, es finden sich kleine Gruppen, die zusammensitzen und sich unterhalten. Ich treffe hier Dorothea, eine Pilgerin aus Deutschland, die mit fast siebzig Jahren den Jakobsweg geht. Braungebrannt und faltig strahlt sie große Zufriedenheit aus. Ihre Etappen sind nur etwa 15 Kilometer lang, doch auch so ist sie bis hierher gekommen. Sie bedauert allerdings, dass fast alle schneller sind und sie sich deshalb jeden Abend auf neue Pilger einstellen muss.

33. Tag

Cacabelos – Vega de Valcarce (ca. 28 km),
Samstag, den 30.6.

Heute ist es wieder eine Freude, aufzubrechen. Die Luft ist duftig wie Seide, Vogelgezwitscher überall. Es geht durch blühendes und fruchtbares Land, teilweise eine alte Römerstraße entlang. Schnell vergehen die acht Kilometer bis nach *Villafranca del Bierzo*. Wieder eine Frankensiedlung, die auch das »kleine Compostela« genannt wird. Warum? Im Mittelalter bewältigten die erschöpften Pilger das noch vor ihnen liegende galicische Gebirge oft nicht mehr. So hat die Kirche verfügt, dass Schwerkranke, die es bis zur »Gnadenpforte« der romanischen Santiago-Kirche in Villafranca schafften, schon hier den Sündenablass erhielten. Danach konnten sie in Ruhe sterben. Entsprechend liegt hinter der Kirche ein großer, alter Pilgerfriedhof.

Noch nachdenklich darüber komme ich zur nahen Pilgerherberge, die Jato (eine Berühmtheit des Camino) und seine Familie führen. Ich finde ihn beim Mauern, das Gebäude wird erweitert. Teile der Herberge liegen noch immer unter Plastikplanen. Seine Frau ist innen dabei, die gemütlichen Räume zu säubern. Ich bewundere ihre gelassene Freundlichkeit. Hier wird nach alten Plänen und mit Unterstützung der Jakobusgesellschaften das ursprüngliche Pilgerhospiz wieder aufgebaut, zum Teil auch mit den noch herumliegenden alten Steinen. Und zu meiner großen Überraschung bekomme ich außen einen Eckstein des Hauses gezeigt, der vom Kölner Dom stammen soll.

Ich habe gestern von Dorothea gehört, dass diese Hospitalero-Familie anbietet, das Gepäck für wenig Geld bis zum Pass von O Cebreiro zu transportieren, auch wenn man diesen Weg in zwei Etappen gehen sollte. Die Information ist richtig. Doch ich habe keinen Tagesrucksack für Wasser und den Proviant! Kein Problem, ich erhalte einen alten von ihnen und eine Beschreibung für den ungefähr dreizehn Kilometer langen Wegabschnitt durch die Berge. Der ursprüngliche Pilgerweg durch das Tal ist nicht mehr begehbar, da die Nationalstraße, an der er entlangführte, sogar zur Autobahn umgebaut wird. Schon von Ferne sehe ich die riesige Baustelle. Der jetzt empfohlene Weg führt nach steilem Aufstieg erneut über die Höhen, dafür bin ich heute und morgen tagsüber ohne Gepäck. Froh, meiner Last ledig geworden zu sein, besorge ich mir noch Proviant in dem fast französisch wirkenden Städtchen. Hier rät mir der Verkäufer dringend ab, über die Berge zu gehen, das sei unglaublich steil und zu anstrengend. Tatsächlich steigt der Weg erschreckend steil an und das geht bis zur Höhe so weiter. Trotzdem beginne ich ihn frohgemut.

Bald habe ich einen wunderbaren Ausblick über das fruchtbare Becken des Bierzo und die nun schon weit zurückliegenden Höhen der Berge von León. Seit den Pyrenäen bin ich überrascht, wie schnell die überwundenen Gebirge in der Ferne zurücktreten. Ich wandere weit und breit als einzige Pilgerin durch kleine Wäldchen von Krüppeleichen und Esskastanien in voller Blüte. Das einzig Störende: Ein Mann mit Stock scheint mir zu folgen. Er wirkt auf mich nicht wie ein Pilger (zu diesen habe ich Vertrauen, obwohl sich in früheren Jahrhunderten auch Räuber als Pilger tarnten). Immer wieder schaue ich mich verstohlen um, er ist nicht abzuschütteln. Haben mich deswegen die Leute im Laden vor dem Weg warnen wollen? Irgendwann verstecke ich mich und lasse ihn vorbeigehen. Danach ist er verschwunden. Doch ich bleibe ein wenig unruhig.

Kaum auf der Höhe angekommen, sehe ich ganz nah ein altes Dorf liegen, eigentlich nur die kleinen Steinhäuser und gut erhaltene Dächer, doch weder Mensch noch Vieh. Eine kleine Straße führt daran vorbei. Alles wirkt vollständig verlassen. Bald darauf zweigt der Weg schon wieder ins Gebüsch ab und führt dann in steilem Zickzack den Berg hinunter. In der Tat ist es ein mühevoller, aber wunderschöner Umweg, um die Straßenbaustelle zu vermeiden. Unten angekommen, muss ich mich wieder auf den ursprünglichen Pilgerweg durch das enge Tal einfädeln, der immer noch an der viel befahrenen Nationalstraße entlangführt.

Laster und Anhänger sausen so nah an mir vorbei, dass der Wind mir jedes Mal einen Stoß versetzt und mir die Schirmmütze vom Kopf reißt. Ich bin froh, als die gelben Pfeile irgendwann nach links in ein Tal verweisen und ein Schild den Ort *Vega de Valcarce* ankündigt. Die letzten Kilometer führen an einem rauschenden Gebirgsfluss vorbei und dämpfen immer mehr den Lärm der Fernstraße. Bald erscheint sie vergessen und ich habe das Gefühl, wieder in die natürliche Landschaft einzutauchen, doch dieser Eindruck trügt. Ein paar hundert Meter den Hang aufwärts ist der Wald gerodet und eine riesige Trasse für die Autobahn freigelegt. Der Frieden dieses kleinen Tales wird nicht mehr lange erhalten bleiben.

Ich finde meinen Rucksack in der genannten Bar in Vega und bin froh, als ich mich ausstrecken kann. Abends finden sich einige Pilger in der Bar »Charly« ein. Ich esse mit Vera, einer älteren Holländerin, die schon seit Le Puy auf dem Weg ist. Wieder höre ich fasziniert zu, wie anders sich der Weg durch Frankreich »anfühlt«. Lena und Mary scheinen weitergegangen zu sein.

34. Tag

Vega de Valcarce – O Cebreiro (nur 12 km),
Sonntag, den 1.7.

Heute ist der 1. Juli, nur noch wenige Etappen fehlen bis Santiago. Fast fünf Wochen bin ich jetzt unterwegs. Am Vormittag habe ich den Grenzstein nach Galicien passiert, der letzten Provinz, die ich durchwandern werde. Hier oben in O Cebreiro habe ich auch Tim wieder getroffen, das heißt, ich habe in dem Haufen von antransportierten Rucksäcken, in dem ich meinen suchte, auch seinen vorgefunden. So habe ich dann meinen Weg heute nicht fortgesetzt, sondern gewartet, bis er nach einigen Stunden völlig erschöpft eintraf. Er ist 31 Kilometer gelaufen, dazu zwei heftige Aufstiege.

Das Wegstück heute war wunderbar. Es hat sich so gefügt, dass ich ganz alleine durch diese zauberhafte Bergwelt wandern konnte, und wieder ohne Gepäck! Anfangs noch unten im Tal am Fluss Valcarce entlang, vorbei an der Burgruine Sarracín, von der es heißt, dass gefürchtete Raubritter (die Sarrazenen?), im 11. Jahrhundert von dort aus den Weg nach Compostela kontrollierten. Vorbei auch an einigen freundlichen Dörfern, in denen zu dieser frühen Stunde verschlafene Sonntagsruhe herrscht. Ich habe die üppigen Blumenstauden in den Bauerngärten richtig genossen. Sonst gedeiht vorwiegend Mais hier, der in eigentümlichen kleinen Speichern, den »hórreos«, getrocknet wird. Es gibt sie in den unterschiedlichsten Ausführungen, eher ärmlich oder auch gediegen, für eine kleinere oder größere Ernte. Alle stehen sie auf Granitsockeln, die als Barriere für Mäuse oder Ratten mit einer jeweils breit überragenden Steinplatte bedeckt sind. Darüber wird ein schmaler, überdachter Raum errichtet, dessen Wände ebenfalls aus Granitplatten oder Brettern bestehen, die in verschiedenen Mustern auf Lücke gelegt sind, so dass eine gute Belüftung gewährleistet ist.

Der Weg führte heute Morgen immer wieder über eine kleine Landstraße, die die Dörfer miteinander verbindet. Es sind alte und schöne Dörfer, aus solide gebauten Steinhäusern mit riesigen Dächern, unter denen oft Mensch und Tier gemeinsam leben.

Ich bin überrascht, noch einmal einen Abstieg von einigen hundert Metern bewältigen zu müssen, bevor es unwiderruflich und steil bergauf geht. Dann mit herrlichem Weitblick einen Bergweg entlang zwischen blühendem und duftendem Ginster neben Heidekraut, Fingerhut, Farn und Bergblumen, die Luft gewürzt von Kräutern – oder vom Geruch der Kuhfladen, die überall zu finden sind. Ja, hier stehen kräftige, braune Kühe auf riesigen Weiden in der fast baumlosen Höhe und nehmen die Pilger gelassen zur Kenntnis. Die Dörfchen hier oben in den Bergen sind deutlich kleiner, ärmer und »rückständiger« als die unten im Tal. Oft liegt uraltes Arbeitsgerät herum, lehnt ein Geschirr für ein Ochsengespann an der Hofmauer. Ich habe gehört, dass die wenigen und weit auseinander liegenden Felder in dieser Höhe oft nicht mehr mit Traktoren zu beackern sind, sondern nur noch mit Viehgespannen.

Hinter einem Dorf sehe ich drei Frauen vor mir auf dem Weg. Sie gehen zügig und in Sonntagskleidern, eifrig schnatternd. Eine Weile frage ich mich, wo sie wohl hinwollen, dann wird es mir klar: Sie gehen einige Kilometer, um in O Cebreiro die Messe zu feiern. Die Dörfer sind zu klein, um eigene Kirchen zu haben. Irgendwann dann der Grenzstein von Galicien: zwischen verschiedenen Wappen das Schwert des Santiago, das Zeichen des »Matamoro«; diese Schwertform dann als stilisiertes Kreuz. Ich merke immer mehr, wie mich diese Symbolik abstößt.

Schließlich mündet der Bergweg auf ein Sträßchen und in kurzer Zeit habe ich das Dorf *O Cebreiro* auf 1250 Meter Höhe erreicht. Ins Auge springen sofort die uralten Rund- oder Ovalbauten aus Bruchstein, genannt Pallozas, gedeckt mit einem kegelförmigen Dach aus Stroh, Ginster oder Heide. Sie sollen den Stürmen möglichst wenig Angriffsfläche bieten. Auch hier liegen Stall, Wohnhaus und Scheune unter einem Dach beieinander. Im kleinen Museum in einem dieser Häuser sehe ich später, dass in der Mitte eine offene Feuerstelle ohne Kamin eingerichtet ist, der Rauch zieht über die Öffnung im Dach ab. Über dem Feuer hängt vom Firstbalken ein schwenkbarer, riesiger Kessel, in dem die Nahrung zubereitet wurde. Auch heute wohnen noch einige Bauern in diesen ursprünglichen Behausungen. Andere dieser angeblich ältesten, noch auf keltischen Ursprung zurückgehenden Häuser stehen verlassen. Früher konnten Pilger darin schlafen, doch jetzt hat man eine neue Herberge am Rand des Ortes errichtet.

Das Dorf wird überragt von der vorromanische Kirche aus dem 9./10. Jahrhundert. Sie liegt neben einem alten Klosterkomplex, in dem heute ein schönes Hostal untergebracht ist. Zu meinem Erstaunen lese ich, dass sich in O Cebreiro schon seit 1072 französische Benediktinermönche aus Aurillac niedergelassen hatten. Auch der spätere Papst Calixtinus II. soll in dieser Abtei gelebt haben, die erst 1853 aufgelöst wurde. Und natürlich gehörte zu diesem Kloster direkt am Pass auch ein berühmtes Pilgerhospital, ähnlich unentbehrlich wie Santa Cristina am Somportpass oder das vom Einsiedler Gaucelmo gegründete Hospiz in Foncebadón am »Cruz de Ferro«.

Nachdem in der schlichten und sehr behutsam restaurierten Kirche die Sonntagsmesse gegen Mittag beendet ist, sitze ich noch lange in der dämmrigen Stille. Leise im Hintergrund tönen gregorianische Gesänge vom Tonband, fast so, als ob die Mönche der Vergangenheit damit wieder lebendig würden. Wie gut tun mir diese bescheidenen, romanischen Kirchenräume. Ich brauche für meine Andacht keine goldenen Altäre und geschmückten Kapellen, sie lenken mich eher ab. Dieser schlichte Raum dagegen zentriert und erfüllt mich.

Mit dieser alten Kirche verbindet sich wieder eine Legende, die in ganz Europa bekannt war: das »Hostienwunder von Cebreiro«. Es ist überliefert, dass an einem stürmischen Wintertag ein Mönch in dieser Kirche mit der Messe begann, als er hörte, wie ein Bauer aus einem entfernten Dorf zur Türe hereinkam und als Einziger daran teilnahm. Angeblich war dieser Mönch nicht besonders erfreut darüber, dachte vielmehr etwas geringschätzig: »Da macht dieser Mann den weiten Weg durch den Schnee, nur um hier Wein und Brot zu sehen!« Als er bald darauf die Worte der Wandlung sprach: »Dies ist mein Leib, dies ist mein Blut«, erschrak er zu Tode: Er sah im Kelch Blut! Dieser romanische Kelch wird in einer Vitrine bis heute ausgestellt. In früheren Jahrhunderten bewirkte er, dass Menschen wegen dieses Wunders von weit her eine Wallfahrt nach O Cebreiro unternahmen. Viel mehr als der Kelch berührt mich jedoch die einfache, romanische Marienfigur, so lieblich in ihrer Schlichtheit! Immer wieder geht es um Maria, die zutiefst Mütterliche. Ist sie den Menschen so nahe, weil sie mit dem Urbild der Mutter eine Sehnsucht in uns weckt, die jeder in sich trägt?

Die hochgebrachten Rucksäcke finde ich wie angekündigt im Gasthof. Als ich Tims finde, hefte ich ihm einen Zettel daran. Am Nachmittag begegnen wir uns dann zufällig auf der Straße, unsere Freude ist groß. Acht Tage lang haben wir uns nicht gesehen! Beim ländlichen Pilgermenü gibt es dann viel zu erzählen, was jeder von uns erlebt hat. Plötzlich geht die Türe auf und herein kommen Gerard und Beata, die ich schon in Ponferrada mit ihrem Esel gesehen habe. Jetzt erfahre ich, dass sie mit ihm in der Bretagne aufgebrochen sind. Wir lernen uns ein wenig kennen und ich höre staunend, welche Schwierigkeiten es bereitet, mit einem Esel eine solch lange Strecke zu gehen. »Er ist wie ein fünfjähriges Kind«, sagt Beata, »man muss ihn immer wieder überreden, wenn er vor einem Bach scheut oder sich vor etwas fürchtet. Und was es bedeutet, einen sturen Esel zu überreden, das könnt ihr euch ja vorstellen!« Immer mehr Pilger füllen den Raum. Einer spielt auf seiner Gitarre und auch Tim beginnt zu spielen. Spaßeshalber stellen wir ihm einen Teller vor die Füße für »milde Gaben«, doch unter allgemeinem Gelächter landet nur ein abgenagter Hühnerknochen darauf. Es herrscht eine ausgelassene Stimmung, alle scheinen froh zu sein, dass mit dem Pass von O Cebreiro die größten Anstrengungen des Camino überwunden sind.

In der Herberge treffe ich zu meiner großen Freude auch Philippe mit »Princess«, die jetzt aber als Florence angesprochen werden will. Als die Herberge bereits belegt ist, »fällt« eine Invasion von älteren Schülern ein. Es geht zu, als ob ein Heuschreckenschwarm über uns hereinbrechen würde. Dazu höre ich folgende Geschichte: Einige Lehrer einer Schule fragten kurz vor den spanischen Sommerferien, wer von der Oberstufe Lust hätte, für eine Woche nach Santiago de Compostela zu pilgern. Sie rechneten mit ungefähr 20, es meldeten sich aber zu ihrem eigenen Erstaunen 120 Schüler. (Ich hätte nie gedacht, dass 16- bis 18-Jährige daran Interesse fänden!) So sind sie jetzt mit dieser riesigen Gruppe unterwegs, ein Fahrzeug für Gepäck und eine fahrbare »Garküche« inbegriffen, denn welche Ortschaft wäre in der Lage, schnell mal 120 Gerichte zu kochen. In Galicien stellt die katholische Kirche die Herbergen kostenlos oder gegen eine Spende zur Verfügung, so wird diese Aktion auch erschwinglich.

Der Raum füllt sich sofort mit Reden und Rufen, alle Klos und Duschen sind die nächste Zeit besetzt. Zum Schlafen werden sie sich auf den Boden von Gängen und Treppenhäusern, Küche und Eingangsbereich legen müssen! Um dem Chaos und Stimmengewirr zu entrinnen, gehen wir zum Sonnenuntergang auf einen nahen Hügel. Dort haben auch Beata und Gerard ihr Zelt aufgestellt, friedlich grast der Esel am Abhang. Welch beeindruckend weiter Blick von hier aus! Grünes Bergland, so weit das Auge reicht. Nach und nach verfärbt sich der Himmel von einem kristallenen Blautürkis über zartes Gelb bis zu sattem Orange. Die Bergketten erblassen zu verhaltenem Graugrün und Grauviolett, das irgendwann mit dem tiefroten Horizont verschmilzt und in zunehmend fahler Dämmerung erlischt wie die Glut eines Feuers.

8. Von Nebelwäldern und Hainen im alten Keltenland
Von O Cebreiro nach Santiago de Compostela

35. Tag

O Cebreiro – Triacastela (21 km), Montag, den 2.7.

Kaum geschlafen, oben unterm Dach war es unendlich heiß mit so vielen Personen, die auf allen freien Flächen am Boden lagerten, und zu allem Überfluss lief auch im Juli noch die Heizung. Erst gegen Morgen wurde es kühler, doch da standen die Ersten bereits auf, und wie immer gab es dann eine akustische Kettenreaktion aus quietschenden Betten, raschelnden Plastiktüten und schnappenden Rucksackschnallen. Das macht jedes Weiterschlafen unmöglich. Da der Versuch, an ein Waschbecken zu kommen, heute eine Geduldsprobe bedeutet bei all diesen Schülern, ist mal wieder Katzenwäsche angesagt.

Tim und ich haben beschlossen, dass jeder von uns dann aufbricht, wenn er fertig ist. Allerdings vereinbaren wir, in welcher Herberge wir uns treffen wollen. Heute soll es Triacastela sein. Ich hatte mir nicht klargemacht, dass die heutige Etappe doch noch über zwei Pässe führte, den Pass von San Roque, 1 270 Meter, und den höchsten

Pass Galiciens, den Alto de Poio mit 1337 Meter. Danach ging es wieder 700 Höhenmeter bergab und das Ganze bei zunehmend schwülem Wetter. Zwischendurch gab es bizarre Situationen, wenn eine der Schülergruppen nahte, breit den ganzen Weg einnehmend, laut redend und gestikulierend wie bei einem Schulausflug. Kaum bin ich wieder bei mir in der Stille angekommen, höre ich von weitem einen nächsten Tross nahen. Gehe ich schneller, um den Abstand erträglich zu halten? Warte ich, um sie möglichst bald vorbeizulassen und loszuwerden? Das bringt eine ungute Spannung ins Gehen. Sie sind einfach aufgeregte, junge Leute, die vor Energie und Unternehmungsfreude sprühen, mir wäre es früher genauso gegangen. Doch heute bin ich müde und empfindlich. Ich habe keine Lust, auf diese Weise die letzten Tage bis Santiago zu verbringen, und hoffe insgeheim, dass sie längere Etappen als ich gehen werden.

Der Weg führt oft an einer kleinen Landstraße entlang, die die eher ärmlichen Dörfer miteinander verbindet. Die Landschaft ist kleingliedrig und erfrischend grün. Felder liegen in dieser bergigen Gegend weit verstreut. Aufgrund der traditionellen Erbteilung sind die Flächen der oft einzeln liegenden Höfe auch so klein und gleichzeitig so weit entfernt, dass eine Bewirtschaftung schwierig ist. Diese ländliche Armut, die im Lauf der Geschichte Galiciens noch von Adel und Kirche durch Abgaben verstärkt wurde, führte zur massenhaften Abwanderungen besonders der männlichen Bevölkerung. Von daher erscheint es manchmal so, als ob hier matriarchale Strukturen herrschten: Die zurückbleibenden Frauen mussten oft jahrelang die Familie durchbringen, die Äcker bestellen und das Vieh versorgen, während ihre Männer zum Beispiel in Argentinien ihr Glück versuchten. Buenos Aires galt einmal als die Stadt mit der größten galicischen Einwohnerzahl!

So wundert es mich auch nicht, als mich in einem der winzigen Dörfchen eine arme Alte anspricht, ob ich einen Pfannkuchen essen wollte. Ich bin erfreut darüber und kann gut verstehen, dass sie sich etwas dazuverdienen will. Sie verschwindet in ihrem kleinen Steinhaus in einer rußgeschwärzten Küche. Als ich ihr folge, schickt sie mich nach draußen, ich solle auf dem einzigen, wackligen Stuhl Platz nehmen. Kaum verstehe ich sie, die galicische Sprache ist mehr mit dem Portugiesischen verwandt als mit dem Spanischen. Glücklicherweise sprechen aber fast alle Spanisch, wenn auch in einem weichen Singsang. Bald erscheint die Alte mit dem in Streifen geschnittenen, zuckerbestreuten Pfannkuchen und ich sitze vor ihrem Haus und lasse es mir schmecken wie auf einem lebenden Werbeplakat. Das verfehlt auch nicht seine Wirkung: Als ich aufbreche, gibt es schon die nächsten Pilger, die auch Pfannkuchen wollen. Die Alte hat einen Glückstag!

Endlich steigt der Weg langsam in ein Wiesental ab und führt durch alte Kastanienhohlwege nach *Triacastela*. Es ist ein kleiner Ort mit langer Pilgertradition, entstanden um ein dem hl. Petrus geweihtes Kloster. Mit Beginn der Wallfahrten wurde dann jedoch der hl. Jakobus zum Stadtpatron. Auch hier soll es zahlreiche Hospize gegeben haben, einen Fremdenfriedhof (für die Pilger) und – man staune – einen Pilgerkarzer. Welche Räubereien, Gewaltakte oder Zügellosigkeiten der Pilger machten das nötig?

Obwohl wir manchmal in Sichtweite wandern, treffe ich Tim erst vor der Herberge wieder. Sie ist noch geschlossen und so gönnen wir uns ein Hostal. Es ist schön, sich wieder zusammenzufinden, und doch auch einengend, die unterschiedlichen Bedürfnisse täglich abzustimmen. Mittlerweile habe ich mich daran gewöhnt, alleine zu gehen. Der Tag vergeht mit den üblichen Verrichtungen: Wäsche waschen, Proviant besorgen, Essen improvisieren – und endlich Siesta. Viel Zeit, um Tagebuch zu schreiben.

36. Tag

Triacastela – Barbadelos (23,5 km), Dienstag, den 3.7.

Die Schüler sind offenbar jetzt vor uns, ich bin erleichtert. Jedenfalls sind sie mir den ganzen Tag nicht mehr begegnet. Heute früh laufe ich zum ersten Mal in dichtem Nebel und Sprühregen. Eingehüllt in weißliche Schwaden ist die Landschaft nur zu erahnen. Die alten Bäume der Hohlwege wirken wie verzauberte Gestalten, Efeu und Ranken sind nur in Andeutungen sichtbar und spinnen geheimnisvolle Verbindungen, alles wirkt eigentümlich entrückt. Ich scheine durch ein Land der Elfen zu wandern. Selbst der Regen tropft gedämpft, alle Geräusche klingen wie zugedeckt von Nässe und auch meine Schritte wirken weicher auf der vollgesogenen Erde. Im Matsch lassen sie einen seltsamen Rhythmus aus schmatzenden und saugenden Lauten entstehen, ab und zu mit einem unverhofften Glissando, wenn ich auf dem schmierseifenglatten Boden ausrutsche.

Die in einiger Entfernung vor und nach mir Gehenden

sind heute vom Nebel verschluckt. Ich habe fast das Gefühl, weit und breit allein zu sein. Einerseits möchte ich mich dieser traumhaften Stimmung hingeben, andererseits habe ich bemerkt, dass ich mich immer wieder konzentrieren muss, um mich in diesem Dunst nicht zu verlaufen. Auch die gelben Pfeile leuchten hier nicht schon von weitem, sondern werden oft erst in letzter Minute sichtbar. Während ich mich sonst auf einer Höhe über den Wegverlauf orientieren konnte, laufe ich seit gestern häufig in überwachsenen Hohlwegen, die wie geschlossene Naturräume wirken. Doch meine anfängliche Sorge, mich zu verlaufen, vergesse ich bald. Ich durchquere altes keltisches Land und bin fasziniert, in welch ähnlichen Gebieten sich dieses Volk von Irland, Wales und der Bretagne bis hin nach Galicien angesiedelt hat.

Nach einigen Stunden laufe ich fast wie in Trance durch diese Nebelwelt, in der alle Konturen aufgelöst erscheinen. Schemenhaft tauchen aus dem Dunst ab und zu die Umrisse von einsam liegenden Gehöften auf und sinken wieder zurück, als ob es sie nie gegeben hätte. Hecken und Felder, uralte Baumriesen mit herunterhängenden Bartflechten und verzaubert wirkende Wälder gleiten vorbei wie im Traum. Immer wieder erscheint es mir fast, als ob ich in ein geheimnisvolles Feenreich eingetreten wäre, in dem sich alles nur in Andeutungen vermittelt und bald schon wieder entzieht. Erzählen nicht die Märchen von diesen Stimmungen? In Galicien gibt es eine Vielzahl von Märchen, Geister- und Spukgeschichten.

Waren es in der Meseta die ausgemergelte Erde und der weite Himmel, so ist hier das Element des Wassers allgegenwärtig: Geheimnisvoller Nebel und feiner Sprühregen tröpfelt und rinnt von Ästen und Blättern, platschend stapfe ich durch schwappende Pfützen, die den Weg in einen kleinen Teich verwandeln. Quellen murmeln leise, gluckernde Rinnsale füllen jede Mulde und rieseln den Hang hinab. Vom Tal her sprudeln und rauschen Bäche unter dichtem Laubdach. Vollgesogen und feuchtigkeitsgesättigt schimmern Grüntöne von verhaltenem Gold bis zum Olivbraun. Und immer wieder: gehen und gehen und gehen, als ob es nichts anderes mehr gäbe in meinem Leben ...

Erst als sich der Nebel kurz vor *Sarría* lichtet, habe ich das Gefühl, aus einem fast somnambulen Zustand zurückzukehren. Ich trete heraus aus dieser »Gegenwelt« und stolpere fast schon hinein in die beginnenden Vororte einer plötzlich besonnten Stadt unter blauem Himmel. Konturen, Farben und Geräusche drängen sich fast schmerzend grell in den Vordergrund. Im Nu ist der Zauber verflogen, alles wirkt so klar und umrissen wie gewohnt. Ich muss lächeln, als mir ausgerechnet jetzt ein Satz von *Novalis* (1772–1801) einfällt:

Alles Sichtbare ist ein in einen Geheimniszustand erhobenes Unsichtbares ...

Relativiert er nicht – genauso wie alte Weisheitslehren – gerade diese scheinbare Klarheit und Unumstößlichkeit der Realität? Damit nimmt er fast Gedanken und Ergebnisse moderner Quantenphysiker vorweg.[26]

An diesem Morgen bin ich fast zwanzig Kilometer ohne Pause gelaufen, es ist mir kaum bewusst geworden in diesem inneren Schwebezustand. Es scheint ungeheuer kraftsparend zu sein, so innerlich losgelassen und staunend durch die Welt zu gehen. Erlebe ich etwas von dem, was Buddhisten mit »Achtsamkeit« meinen, eine Art freischwebender Aufmerksamkeit, die wahrnimmt, aber an nichts festhält?

Doch als ich jetzt in diese Stadt mit 2000-jähriger Geschichte trete, habe ich keine Augen mehr für die mittelalterliche Siedlung mit Burgruine noch für die Altstadtstraßen. An einem kleinen Park zieht mich eine Bank fast magisch an. Ich setze den Rucksack ab, halte ein kleines Picknick und strecke mich dann aus, die Mütze übers Gesicht gezogen. Tief schlafe ich ein und erwache nach einer Weile erfrischt.

Nachdem der Proviant für heute Abend und morgen besorgt ist, bleibe ich noch eine Weile in der schlichten Kirche San Salvador sitzen. Es ertönt eine leise Musik vom Band, die die leere Kirche mit Leben erfüllt. Ich bin tief dankbar für die Erfahrungen dieses Weges, für die vielen Eindrücke, Lehren und Geschichten, die mir zuteil wurden. In wenigen Tagen werde ich in Santiago ankommen. Kaum kann ich mir vorstellen, dass dann alles vorbei sein soll.

Noch einmal tauche ich hinter Sarría in einen wunderbaren »Zauberwald« ein: Bemooste Baumriesen wachsen aus gefiedertem Farn und strecken mächtige Wurzeln aus, Bäche und manchmal eine Quelle murmeln, Kletterpflanzen und Efeu umranken die Äste und hängen wie Lianen herab. Doch diesmal scheint mildes Sonnenlicht durch das Laub. Der Nebel hat sich verzogen. Auf einem kleinen Waldpfad wandere ich die letzten Kilometer bis *Barbadelos*, wo eine neue Pilgerherberge errichtet wurde. Hier in Galicien hat man keine Kosten gescheut, Herbergen zu bauen, leider oft nach gleichem Schema. Ich treffe Lena unterwegs. Wir belegen die letzten Betten und ich kann Tim gerade noch eins reservieren.

Auf dem Gang durch dieses kleine Dorf entdecke ich das winzige, romanische Friedhofskirchlein Santiago de Barbadelos. Es ist ein schlichter Bau, noch mit anrührenden, über tausendjährigen Kapitellen und doppelseitigem Bogenfeld. Der Innenraum wirkt liebevoll mit Blumen geschmückt, was oft die alten Frauen im Dorf übernehmen. Auch hier füllt eine schwarz gekleidete Alte, sich immer wieder bekreuzigend, die Vasen am Altar mit bunten Sommerblumen auf und kniet dann lange betend in der ersten Bank. Die kleine Kirche wird zu einem Ort der Stille und ich bin froh, lange darin verweilen zu können. Nach und nach wird mir immer klarer, was schon *Meister Eckhart* (1260–1327) formulierte:

> Du brauchst Gott weder hier noch dort zu suchen. Er ist nicht ferner als vor der Tür deines Herzens. Da steht er und harrt und wartet, wen er bereit findet, der ihm auftue und ihn einlasse.[27]

Aus dem Sufismus, der mystischen Tradition des Islam, wird von *Rumi* (1207–1273) ganz ähnlich überliefert:

Ich habe die ganze Welt auf der Suche nach Gott durchwandert und ihn nirgendwo gefunden.

Als ich wieder nach Hause kam, sah ich ihn an der Türe
meines Herzens stehen. Und er sprach: »Hier warte ich
auf dich seit Ewigkeiten.« Da bin ich mit ihm ins Haus
gegangen.[28]

Zwar kenne ich diese Sätze seit langem. Doch richtig »eindringlich« werden sie mir erst heute. Meister Eckehart
dürfte Rumi nicht gekannt haben und doch benutzt er aus
seiner eigenen mystischen Erfahrung das gleiche Bild.
Und bedeutet es nicht geradezu ein Paradox, dass es
manchmal eine lange äußere und/oder innere Wanderschaft braucht, nur um sich bewusst zu werden, dass die
»Große Suche« (wie es Ken Wilber nennt)[29] im Wesentlichen *nicht* nötig ist?[30] Vielleicht brauchen wir sie mehr,
um das »emotionale Geröll« vor der »Tür unseres Herzens« kleinzuarbeiten, um den Weg zu uns selbst und in
die Stille zu bahnen und nicht als die »Gier nach einem
letztgültigen Erlebnis«.[31]

Wenn wir wirklich wach verweilen in der einfachen und
klaren, immer gegenwärtigen Bewusstheit, verweilen wir
im großen Ungeborenen, verweilen im Innersten Geist,
ruhen in der uranfänglichen Leere, in der unbegrenzten
Freiheit. Wenn wir wirklich wach verweilen als aufmerk-
same und unbesorgte Zeugen, ist die Große Suche vorbei.
Denn die Große Suche ist der Feind des immer-gegen-
wärtigen Geistes (...). So beenden wir die Große Suche
und verweilen achtsam im reinen Geist.[32]

An die Kirchenmauer gelehnt, denke ich lange darüber nach. Im Grunde weiß ich es, seit ich 1981 Karlfried Graf Dürckheim begegnet bin und Zen-Meditation kennen gelernt habe. Doch immer wieder besteht die Gefahr, dass dieses »achtsame Verweilen« getrübt wird, sich etwas dazwischen schiebt, woran ich anhafte, was emotional nicht zu Ende gebracht oder nicht verstanden ist. Warum ist es immer wieder so schwer, all dies loszulassen?

Während ich so nachsinne, höre ich plötzlich Hufgetrappel nahen. Nach einer Weile kommen unter einer nahen Baumgruppe einige Reiter an, auch Pilger, wie ich später erfahre. Sie sind zu Pferde unterwegs und legen täglich ungefähr fünfzig Kilometer zurück. Allerdings haben sie statt eines Lasttieres einen Jeep dabei, in dem sie ihr Gepäck und die Zelte transportieren. Sie versorgen sich offenbar unabhängig von den Herbergen.

Auch Philippe und Florence treffe ich an diesem Abend wieder. Als wir zusammen mit Lena aus unseren Vorräten (Nudeln, Tomatenmark, Fischdose etc.) ein Essen zusammenstellen wollen, entdecken wir, dass es in der Küche weder Topf noch Teller noch Besteck gibt, noch nicht einmal Salz! Was tun? Ein Restaurant gibt es auch nicht im Ort. Wir suchen überall nach Improvisationsmöglichkeiten, ohne jedoch etwas Brauchbares zu finden. Dabei sind wir eigentlich darin schon ziemlich geübt. Schließlich mache ich mich auf den Weg zum nächsten Bauernhaus und bitte die erstaunten Leute um einen Topf, fünf Teller und Gabeln, die wir ihnen später dann wieder zurückbringen.

Abends spät kommen noch zwei Fußpilger, die sich beglückt über unseren Nudelrest hermachen, weil sie keinerlei Proviant dabeihaben. Betten gibt es für sie auch keine mehr, doch die meisten von uns haben eine Isomatte dabei, die wir ihnen leihen. So bauen sie sich im Essraum ein Lager daraus. Es ist immer wieder erstaunlich, wie mit etwas gutem Willen Engpässe zu meistern sind.

Endlich kehrt gegen 22.30 Uhr Ruhe im Haus ein. Entfernt höre ich Pferde wiehern. Von meinem Bett aus kann ich aus dem Fenster schauen. Abenddämmerung senkt sich über Wälder und Auen, Nebel steigen aus dem Wiesengrund hoch und verhüllen sanft die letzten Umrisse ... Lange liege ich noch wach und lausche den Atemzügen der anderen. In mir erlebe ich tiefe Freude! Wie wärmend ist die Gemeinschaft mit Tim und den anderen! Wie freundlich sind die Menschen am Weg! Und doch darf ich Tag für Tag im Wandern immer wieder zu mir selbst zurückkehren und in diese große Stille der Natur eintauchen.

37. Tag

Barbadelos – Portomarín (19 km), Mittwoch, den 4.7.

Wie gut habe ich geschlafen! Ich breche morgens wieder im Nieselregen auf – oder ist es nur ein besonders feuchter Nebel? Es geht heute wieder durch alte Hohlwege, anfangs so nebelverhangen und zauberhaft wie gestern. Jetzt habe ich auch die »corredoiras«, die alten Verbindungswege zwischen den Dörfern kennen gelernt: Da bei den vielen Regenfällen die entstehenden Bäche sich ebenfalls der alten Wege bedienen, wenn sie Gefälle aufweisen, hat man in Schrittweite große Tretsteine in die Mitte gelegt. So lässt sich auf den »corredoiras« einigermaßen trockenen Fußes gehen und die Wege sind auch für Fuhrwerke noch befahrbar. Leider haben sich spätere Generationen anscheinend nicht mehr diese Mühe gemacht, andere Wegstücke sind matschig, voller Pfützen oder gar überschwemmt.

Jeder Bauernhof hat seinen Maisspeicher. Fast immer ist er aus Granit gebaut und damit oder mit Schiefer gedeckt, genauso wie die Häuser hier. In den Dörfern sind diese »hórreos« manchmal originell gestaltet: Aufgesetzte Kreuze, Kugeln oder Obelisken auf ihren Schräggiebeln sollen offenbar Segen bringen oder zumindest Böses fern halten. Nach den wenigen Tagen in Galicien wird mir immer klarer, wie wichtig es ist, bei dieser hohen Luftfeuchtigkeit für eine richtige Lagerung und Belüftung der Ernte zu sorgen.

Immer wieder begegne ich auch alten Wegkreuzen. Ich habe gehört, dass sie der Verbindung der Lebenden mit den Verstorbenen dienen sollen. Ja, der Tod und die Geister der Toten scheinen in Galicien eine besondere Bedeutung zu haben! Auch die »petos de ánimas«, sogenannte Bilderstöcke für die armen Seelen, sehe ich manchmal. Sie erinnern an die Qualen der Hölle oder des Fegefeuers und sollen den Lebenden eine Warnung sein. Die Kirchhöfe sind oft mit einem Fries von Granitkreuzen eingerahmt. Anscheinend bleiben die Toten nach Auffassung der Gallegos weiter eng mit den Lebenden verbunden, kommen ihnen zu Hilfe oder erscheinen ihnen, um sie an alte Schuld oder nicht eingelöste Versprechen zu erinnern. Der Geist der Toten wird daher oft gefürchtet. Deshalb sind die Lebenden aufgerufen, sie friedlich zu stimmen oder durch Totenmessen für eine Art Ablass zu sorgen. Das kam der katholischen Kirche von jeher zu Gute.

Bewaldete Berge und Hügel voller Heidekraut, Farn und Ginster in einer eher kleingliedrigen Landschaft wechseln sich ab mit Maisfeldern in oft schmalen Tälern, in denen Bäche rauschen. Die Nebel haben sich mittlerweile verzogen, schwere Wolke hängen am Himmel. Ihre Form scheint mir schon die Nähe des Atlantiks anzukündigen. Die Luft atmet sich feucht und würzig. Ab und zu bricht die Sonne durch einen Wolkenspalt und hüllt das Land in eine schimmernde Pracht von Gold- und Grüntönen. Irgendwann trete ich aus einem Waldstück und sehe in der Ferne eine in Licht getauchte kleine Stadt mit einer burgähnlichen Kirche am Ufer eines Stausees: *Portomarín*. Anfangs denke ich, der Ortsname leite sich davon ab, dass es hier ursprünglich am Fluss Mino eine Art Hafen (»porto«) gab, von dem aus zum Beispiel Holz bis zum Meer (»mar«/ »marin«) geflößt oder verschifft werden konnte. Doch der Name soll von »ponte minium« (lat.) kommen, was so viel wie Brücke über den Mino heißt.

Bei Niedrigwasser lässt sich bis heute noch ein Bogen der alten Brücke sehen, die im 12. Jahrhundert von Petrus Peregrinus errichtet wurde (Petrus, der Pilger, wieder ein sesshaft Gewordener?). Als ich über die moderne Brücke gehe, wird mir klar, dass die mittelalterliche Stadt Portomarín anscheinend in höherer Lage neu aufgebaut wurde. Später lese ich, dass man in den sechziger Jahren entschied, den Fluss Mino in diesem Tal zu stauen. Immerhin konnte erreicht werden, dass die mit ihren Zinnen burgartig wirkende, romanische Wehrkirche der Johanniter, San Juan, und wenige andere alte Gebäude Stein für Stein abgetragen und weiter oben wieder originalgetreu errichtet wurden. Die Zahlen auf den Steinen sind an der Kirche teilweise noch sichtbar. Warum hat man sie damals so kastenförmig, mit wenigen und kleinen Fenstern und vor allem mit Zinnen bewehrt errichtet? Vor wem musste man darin Schutz suchen oder sich verteidigen wie in Kriegszeiten?

Schon von weitem fällt mir auf, dass auch an ihrem Haupteingang die Stufen der einen Seite stark ausgetreten sind, wie ich es bisher öfter bei den romanischen Kirchen am Weg sah. Seit Jahrhunderten streben Bewohner wie Pilger alle auf der Seite des Paradieses in die Kirche. Auch hier sind im Tympanon des Hauptportals die Höllenqualen zur allgemeinen Abschreckung drastisch dargestellt, wie es im Mittelalter üblich war. Gleichzeitig wirkt es in diesem Bereich so viel lebendiger als auf der Seite des Paradieses, wo es sehr geordnet zugeht. Die Entrückung und Wonnen der Ewigkeit lassen sich einfach schwer bildlich vermitteln, im Gegensatz zu den Qualen, die sich jeder leibhaft und konkret vorstellen konnte.

In Portomarín sind zu meiner Überraschung bereits beide Herbergen belegt. Es heißt, dass später noch die großen Sportanlagen für die Pilger geöffnet würden. Es wird immer deutlicher, dass ab Anfang Juli, dem Ferienbeginn in Spanien, Scharen von Pilgern auf den Camino strömen. Die meisten scheinen in Sarría zu starten, um die Mindestzahl von hundert Kilometern für die sogenannte Compos-

tela (Pilgerurkunde) vorweisen zu können. Von Fahrradpilgern hören wir, dass ein bis zwei Etappen hinter uns
Tausende von Menschen auf dem Weg nach Santiago sein
sollen und die Schlafplätze bereits jetzt nicht ausreichten.
Offenbar hatten wir bisher gerade noch einmal Glück,
nicht in diesen riesigen Pilgerstrom zu kommen.

38. Tag

Portomarín – Palas de Rei (23 km), Donnerstag, den 5.7.

Noch in der Dunkelheit gegen sechs Uhr früh aufgebrochen; der Tagesanbruch findet hier – so weit westlich –
fast eine Stunde später statt als in den Pyrenäen. Wieder
geht es im Regen los, es hat schon die ganze Nacht in Strömen gegossen. Die gelben Pfeile führen an das andere Ufer
des Stausees über eine stelzenartige Brücke und danach
länger bergauf. Der Regen strömt ununterbrochen, stun-
denlang. Wie mögen damalige Pilger dieser Nässe, dem
Matsch und den Winden standgehalten haben? Es wird gar
nicht richtig hell, schwere Wolken hängen niedrig über
den Hügeln, die Landschaft bleibt in grau-grüne Schattierungen getaucht, unterbrochen von Nebelfeldern. Geheimnisvoll umhüllen sie die uralten, bemoosten Bäume,
die ab und zu beisammenstehen und einen Hain bilden.
Wer mag den Platz ausgewählt und diese Bäume gepflanzt
haben? War es ein heiliger Hain vergangener Zeiten? Diente er als Versammlungsort, zur Anbetung oder Ausübung
alter Rituale? Immer wieder verweile ich an diesen Orten,
versuche, etwas von dem »genius loci« zu erspüren. Doch
der Weg hat seinen Sog. Es zieht mich bald weiter. Zum

ersten Mal erlebe ich widersprüchliche Gefühle in mir: Endlich, nur noch drei Tage, dann bin ich in Santiago, dann ist es geschafft, und ich brauche mich nicht mehr anzustrengen – und: Das kann doch nicht sein, dass dann diese lange Weg-Erfahrung zu Ende ist!

Nach und nach fallen mir Eukalyptuspflanzungen auf, die eigentümlich fremd hier wirken. Jemand erzählt, dass die früheren Hütewälder, ehemals gemeinsam von den Dörfern genutzt, unter Franco teilweise den schnell wachsenden Eukalyptuswäldern weichen mussten. Diese erweisen sich als dominant gegenüber den heimischen Arten und verdrängen sie zunehmend. In ihnen lässt sich aber kein Vieh weiden, sie können auch nicht den bäuerlichen Holzbedarf decken und die verarbeitende Zellulose-Industrie belastet zudem noch stark die Umwelt.

Glücklicherweise bricht irgendwann die Sonne durch, die Wege beginnen zu dampfen. Es scheint, dass sich die Ortschaften allmählich häufen, die Gegend dichter besiedelt ist. Schon vor 13 Uhr komme ich in einem Provinznest mit dem stolzen Namen *Palas de Rei* an. Welcher König sollte in diesem heute so ärmlichen Straßendorf einen Palast errichtet haben? Ich steige Treppen hinab, die zur Avenida de Compostela führen, an deren Ecke die Herberge liegt. Viele Pilger, auch Tim und Lena, warten schon vor der Türe. Die verregneten Nachmittage und Abende ziehen sich in diesen Provinznestern hin. Die Herberge hängt voll nasser Klamotten, die Zeit dehnt sich. Schlafen ist die beste Lösung.

39. Tag

Als wir heute früh in die Dunkelheit hinaustreten, herrscht wieder dichter Nebel. Schon nach den ersten Straßen verlaufen wir uns und irren in einem ärmlichen und fast dörflich wirkenden Vorstadtgelände herum. Alles schläft noch bis auf die kläffenden Hunde, wir sehen niemanden, den wir fragen könnten. Es dauert, bis wir die Markierung wiederfinden.

Heute gehe ich wieder über Stunden durch einsame Hohlwege, von Efeu- und Brombeerranken durchzogen, oft verwildert wie in einem Märchenwald. Manchmal sehe ich tiefe Wagenspuren von den Ochsenkarren mit Holzscheibenrädern, die seit dem Mittelalter und noch heute ab und zu in Betrieb sind. In San Xulián dann zu meiner Überraschung eine romanische Kirche. Sie waren in den letzten Tagen selten geworden, eher treffe ich auf winzige, meist schmucklose Kapellchen, manchmal an einer Quelle gelegen. Wieder ein Hinweis darauf, dass christliche Kirchen häufig an den Plätzen alter Quellheiligtümer der Kelten errichtet wurden?

In diesem Dorf sehe ich ein noch gut erhaltenes altes Waschhaus, das so wirkt, als ob es vielleicht heute noch manchmal benutzt würde. In den letzten Tagen sind mir schon öfter diese Waschhäuser aufgefallen, in denen sich früher die Frauen trafen und sich die schwere Arbeit durch Schwatzen angenehmer gestalteten. Wie viele der eher düsteren Geister- und Spukgeschichten mögen ebenfalls hier geflüstert und weitergesponnen worden sein. Wie wichtig mag es damals aber auch gewesen sein, Nachrich-

197

ten in den abgelegenen Ortschaften auszutauschen oder gerade die Sorge über fehlende Nachrichten mit anderen zu teilen. Wie selten mögen Nachrichten von den vielen Männern und Angehörigen, die seit der großen Hungersnot von 1852 nach Lateinamerika emigrierten, in diese abgelegenen Dörfer gelangt sein? Wie viele aus diesen Ortschaften mögen während der Repressionen im Anschluss an den Spanischen Bürgerkrieg (Galicien »fiel« bereits nach 15 Tagen!) oder während des Franco-Regimes ins europäische Ausland oder doch wieder nach Argentinien geflohen sein?

Nach ein paar Stunden hellt sich das Wetter auf. Der Weg folgt manchmal kleinen Straßen, dann taucht er wieder in Hohlwegen unter. Ich mache eine Pause in Leboreiro und höre von dem Gnadenbild der Heiligen Jungfrau in diesem Ort. Als ich über eine alte Spitzbogenbrücke ein Flüsschen überquere, komme ich an eine sumpfig wirkende, offene Heidelandschaft, das sogenannte Hasenfeld. Eine Legende erzählt, dass hier die Heilige Jungfrau vor den großen Marienfesten gesehen worden sein soll, wie sie ihr Haar kämmt. Nachdem ich die letzten Tage so oft im Nebel gewandert bin und die Natur immer wieder eigentümlich entrückt und geheimnisvoll wahrgenommen habe, kann ich mir diese kollektiven Phantasien, die sich in Legenden und Geistergeschichten ausdrücken, viel besser vorstellen. Diese vage Nebelstimmung verführt dazu, die eigenen, inneren Bilder nach außen zu projizieren. Oder öffnen sich auch die Sinne für andere Wahrnehmungen? Goethes Gedicht vom Erlkönig fällt mir ein. Darin bleibt offen, welche der Welten »wirklicher« ist.

Irgendwann neigt sich der Weg abwärts und begleitet einen rauschenden Fluss. Zu meiner Überraschung überquere ich ihn auf einer mittelalterlichen Brücke, die sich in einem einzigen hohen Bogen darüber wölbt. Dahinter erstreckt sich das ebenfalls mittelalterliche Furelos, und schon bald darauf erreiche ich die Randgebiete von *Mélide*. Nachdem der Proviant für heute Abend und morgen besorgt ist, verlasse ich gerne wieder die lärmenden, verkehrsreichen Straßen.

Die letzten Stunden laufe ich müde vor mich hin, sehne mich danach, anzukommen. Jetzt, wo Santiago nahe ist, wird mir zunehmend meine Erschöpfung spürbar. Der Proviant, den wir eingekauft haben, wiegt schwer, auch wenn es für jeden nur ein Kilo sein mag. Als ich schließlich das malerisch gelegene, ausgedehnte Gehöft (oder ehemalige Dörfchen?) am Ufer des Flusses Iso erreiche, das zur Herberge umgestaltet wurde, stellt sich heraus, dass ein pfiffiger Gallego es geschafft hat, ein verlassenes Haus am anderen Ufer wiederherzurichten und darin ein kleines Restaurant zu eröffnen. Die Schlepperei war umsonst. Der Pilgerweg ist wie ein lebendiger Organismus, in dauerndem Wandel begriffen.

Ich werde von Maria-Luz, der circa vierzigjährigen Hospitalera, freundlich empfangen. Welch Genuss ist es, die heißen Füße hier ins kalte Wasser des Flusses zu strecken oder selbst einmal unterzutauchen. Zwischen den Häusern flattert Wäsche, zur Küche und zu den Baderäumen kommen und gehen Pilger, es bilden sich kleine Gruppen, die draußen essen. Fast wirkt dieser Ort wieder wie ein

lebendiges kleines Dorf. Dies ist einer spanischen Jako-
busgesellschaft zu verdanken. Zwei ihrer Mitglieder geben
abends in einem Versammlungsraum eine knappe Über-
sicht über die lange Geschichte der Pilgerbewegung und
zitieren dabei ausführlich den Codex Calixtinus. Besonders die drastischen Passagen über betrügerische Wirtsleute in Navarra finden großen Anklang und wir sind
dankbar, dass heute so gut für uns gesorgt ist. Die letzte
Station auf dem Camino war für die meisten der mittelalterlichen Pilger dann Lavacolla, ein Dorf, das an einem
Fluss liegt. Es erhielt seinen Namen daher, dass hier alle
Pilger angehalten wurden, sich gründlich vor dem Einzug
nach Santiago zu waschen, besonders ihre sogenannten
Schamteile ...

Ein Dudelsackspieler untermalt diesen angenehmen
»Kulturabend«. Wir sitzen danach noch lange draußen,
mit gemischten Gefühlen, dass morgen die vorletzte
Etappe dieses langen Weges angesagt ist.

40. Tag

Ribadiso – Lavacolla (34 km), Samstag, den 7.7.

Als ich heute ganz früh erwache, weiß ich: Morgen im Verlauf des Vormittags werde ich in Santiago ankommen.
Heute werde ich zum letzten Mal den Ablauf eines ganz
normalen Tages auf dem Camino erleben. Es treibt mir
schon jetzt die Tränen in die Augen: Ich bin erleichtert
und glücklich, diesen langen Weg gegangen zu sein, es
»geschafft« zu haben. Doch gleichzeitig kann ich mir
kaum vorstellen, morgen damit aufzuhören, dem Strom

von Eindrücken, Erfahrungen und Gefühlen, die mit diesem Weg verbunden sind, einfach ein Ende zu setzen.

Ich vertreibe diese Gedanken. Noch bin ich an dem einsamen Flussufer in den uralten Häusern von *Ribadiso*. Es scheinen noch alle zu schlafen, die Morgendämmerung lässt sich höchstens erahnen. Nach einer Weile stehe ich leise auf und öffne unten die knarrende, alte Holztüre. Feuchte Nachtluft berührt meine Haut. Es regnet nicht wie in den vergangenen Tagen, es weht sogar ein leichter Wind. Von ferne kräht ein Hahn. Nach einer Weile antwortet ein anderer. Ein Hund bellt irgendwo. Wenn ich ganz genau hinsehe, wo Osten sein könnte, entdecke ich doch einen leicht aufgehellten, fast rosigen Schimmer am Himmel. Fröstelnd schließe ich die Türe, wieder ächzt sie in den alten Scharnieren.

Als ich die Stiege hochschleiche, bemerke ich den Lichtschein einer Taschenlampe. Ein Pilger, der gestern Abend noch spät ankam, ist bereits wieder beim Packen. Auch ich beschließe, meine »Sieben Sachen« zusammenzusuchen: Schlafsack, Matte, Waschzeug, meine paar Klamotten, Proviant und Wasser, schließlich meine Schirmmütze und die Stöcke. Jetzt wird es langsam im Schlafsaal lebendiger und jemand traut sich, das Licht anzumachen und damit auch die Letzten zu wecken. Ich vermeide das nun entstehende Gedränge und verziehe mich schon mit meinem Gepäck nach draußen.

Dort heben sich jetzt die Umrisse der alten Häuser in der Dämmerung deutlich ab. Vögel zwitschern vereinzelt, Hundegebell plötzlich auch von nah. Die Landschaft verlebendigt sich allmählich zu schwingenden Hügelformen im satten, dunklen Grün der Waldflecken bis zum helleren Grün der Weiden und Maisfelder. Es verlockt mich, in diese üppige Fülle einzutauchen wie so oft bisher. Noch ist es etwas dunstig im Bachtal, doch nicht neblig-verhangen wie gestern. Der Sog des Weges wird wieder fühlbar, ich spüre, wie der nahe Aufbruch an mir zieht. Heute also die letzte reguläre Etappe. Ich will versuchen, achtsam zu sein und sie noch einmal sehr bewusst zu erleben.

Langsam steige ich die Bachauen hoch und finde nach und nach wieder meinen Rhythmus im Gehen. Doch bald komme ich an die Fernstraße nach Arzúa mit dem beginnenden Morgenverkehr, durchquere das erwachende Städtchen und bin froh, danach wieder Abstand zu dem dichter werdenden Straßennetz vor Santiago halten zu können. Die Ortschaften häufen sich, es wird zunehmend »städtisch«. Umso mehr freue ich mich, als ich beim Rio Ladrón (warum mag er wohl »Diebesfluss« heißen?!) auf einen alten Eichenhain stoße. Die Sonne ist aufgegangen, die alten, knorrigen Bäume liegen in mildem Morgenlicht. Dies ist ein guter Platz für mein kleines Ritual, den neuen Tag zu begrüßen.

Ich bin erfüllt von großer Dankbarkeit und Freude, wieder und immer noch unterwegs zu sein. Während ich innehalte, erlebe ich Augenblicke tiefen Glücks über die Schönheit, die mich umgibt, die Schönheit, die ich in all den Wochen erleben durfte. Bin ich dünnhäutiger geworden, empfänglicher? Ich fühle mich tief mit mir selbst verbunden, in mir ruhend und gleichzeitig verbunden mit allem, was um mich herum lebendig ist. Es ist kein Widerspruch, diese Kraft und Zentrierung in mir zu spüren und mit einer vogelfreien Leichtigkeit in dem zu verweilen, was mich umgibt und über mich hinausgeht: ein Gefühl, in volles Leben, erfülltes Sein einzutauchen.

Nur langsam kehre ich innerlich zurück in diesen frühen Morgen, in diesen Eichenhain gut vierzig Kilometer vor Santiago, als die Stille zerstiebt vor den nahenden Schritten eines Pilgers. Er hält kurz an, betrachtet den Hain und geht dann weiter. Von ferne höre ich zwei andere kommen, sie unterhalten sich. Ich reihe mich wieder ein auf dem Weg.

Obwohl es »voller« wird, an Menschen, die hier leben, an Lärm, an Pilgern, die unterwegs sind, gelingt es mir doch, in die Meditation des Gehens einzutauchen, in eine Art Trance im Rhythmus der eigenen Schritte, in der das Denken und auch die Zeit sich nach und nach aufzulösen scheinen. Gleichzeitig sind die Sinne hellwach, spüren den böiger werdenden Wind, die Sonne, die sich immer mehr hinter Wolken verzieht, den langsam wieder einsetzenden Regen. An vielen Straßen geht es heute entlang. Die Stunden verrinnen, ohne dass sie mir lang werden.

Weiter geht es durch enger besiedeltes Gebiet. Dann erneut durch ausgedehnte Eukalyptuspflanzungen. Auf einmal zucke ich heftig zusammen: In geringer Höhe überfliegt mich ein Flugzeug. Ich bin bereits in der Nähe des Flughafens von Santiago. Dies als erster Kontakt mit dem Ziel unseres langen Weges? Befremdlich!

Nach einer weiteren Stunde haben wir es endlich geschafft: Wir erreichen das Flüsschen *Lavacolla*, an dem sich die Pilger von Kopf bis Fuß waschen sollten. Wir ziehen vor, dies in einem Hostal des gleichnamigen Ortes zu tun. Lena kommt mit uns. Doch es geht ihr nicht gut. Sie friert und ist völlig erschöpft. Als wir abends im Gasthaus sitzen, kann sie sich nur noch übergeben und zieht sich in ihr Zimmer zurück. Hoffentlich schafft sie morgen die zehn Kilometer bis Santiago.

41. Tag

Lavacolla – Santiago de Compostela (11 km),
Sonntag, den 8.7.

Heute endgültig die letzten Stunden auf dem Pilgerweg. Danach wird er der Vergangenheit angehören. Ich kann es kaum fassen und es verwirrt mich. Gleichzeitig bin ich aufgeregt, wie es sein wird, in Santiago anzukommen. Wir starten spät heute, erst gegen halb acht, denn unsere Übernachtung enthält ein Frühstück und vor sieben läuft hier gar nichts. Lena, die trockenes Brot bevorzugt hat, ist schon vor uns losgegangen. Es wirkt eher trüb heute, doch regnet es nicht.

Wir erleben zum letzten Mal an einem stillen Platz unser Morgenritual. Der Weg führt danach durch immer enger besiedelte Landschaft. Vorbei geht es zwar noch an einigen Gehöften und Dörfern, dann aber auch an einer riesigen Antennen-Anlage des galicischen Fernsehens. Unser anachronistisches Pilgerdasein beginnt sich zunehmend mit unserer heutigen Kultur zu reiben. Der Traum von der Stille des Weges träumt sich aus.

Schon nach einer guten Stunde kommen wir zum *Monte del Gozo*, dem »Berg des Entzückens«, der den erschöpften Pilgern bei gutem Wetter einen ersten Blick auf das nur noch fünf Kilometer entfernte Santiago erlaubt. Wir sind eher irritiert von der Aussicht auf ein unübersichtliches Häusermeer in ziemlicher Entfernung und von einer Reihe von Kirchtürmen, darunter auch die der Kathedrale. Heute ist es schwer, sich diesen Platz noch mit »Entzücken« vorzustellen, ist er doch zum Weltjugendtreffen und Papstbesuch im Heiligen Jahr 1993 mit einem monumentalen Denkmal bedacht worden. Daneben hat man eine riesige, rein funktional wirkende »Unterbringungsanlage« inklusive Restaurants und Geschäften für 3 000 Personen errichtet. Hier treffen wir Lena, die ähnlich wie wir das Terrain skeptisch betrachtet. Einerseits gut, dass für die Jugendlichen damals auf kostengünstige Weise gesorgt wurde, andererseits schmerzen diese Bauten nicht nur in den Augen, sondern auch in der Seele.

Vielleicht bin ich wirklich zu dünnhäutig geworden auf diesem langen Weg durch die Stille der Landschaften. Ich spüre, wie sich meine Poren verschließen und ich mich innerlich wappne, um in diese moderne Stadt *Santiago de Compostela* einzutreten: Endlos wirkende Ausfallstraßen, aufwändige. Überbrückungen und Überquerungen von Kreisverkehr neben unübersichtlichen Schildermeeren beanspruchen unsere Aufmerksamkeit. Glücklicherweise ist es Sonntagmorgen gegen zehn Uhr, der Verkehr hält sich noch in Grenzen und die Muschelzeichen führen uns zuverlässig durch die gesichtslosen Vororte.

Plötzlich stutzen wir und müssen fast lachen, so seltsam nimmt sich dieses Dreiergespann in einiger Entfernung vor uns aus: Nicht nur wir als sogenannte Fußpilger sind ein lebendiger Anachronismus, erst recht Gerard und

Beata mit dem Esel! Auch sie, die wir zuletzt in O Cebreiro gesehen haben, sind also in Santiago angekommen und mühen sich, bis zur verkehrsberuhigten Altstadt vorzudringen. Als wir sie einholen, begrüßen wir uns herzlich und bewundern die Jakobsmuschel, die der Esel nach dem monatelangen Weg aus der Bretagne ab heute auf seiner Stirn trägt. Das passt zur Calle de los Concheiros, die hier beginnt und in der die Muschelhändler sie seit jeher den Pilgern verkauften.

Nach vielem Asphalt haben wir endlich eine altertümlich gepflasterte Straße erreicht und kommen im Altstadtbereich an. Wir treten in überwiegend barock wirkende Häuserzeilen ein, auf die immer wieder enge Gassen münden. Hier ist es auch am Sonntag lebendig. Sofort werde ich neugierig, sehe aus der Entfernung Plätze und Brunnen, die zum Verweilen einladen. Manche der zahlreichen Läden an dieser Straße öffnen gerade und schmücken ihre Eingänge mit einem bunten Warenangebot. Vielversprechende Gerüche nach gebratenem Knoblauch und Fleisch durchziehen die Luft. Schließlich überqueren wir den Platz Porta do Caminho, an dem früher wahrscheinlich ein Stadttor stand, durch das die Pilger einzogen. Wir gehen die letzten paar hundert Meter vorbei an der belebten Plaza Cervantes und am sogenannten »Paradies«, der weitläufigen Plaza de la Inmaculada bis zum zentralen Platz von Santiago, der unerwartet großen Plaza do Obradoiro, auf der im 12. Jahrhundert die Bauhütten von rund fünfzig Steinmetzen errichtet waren.

Hier stehen wir vor der Kathedrale! Ich halte bewegt inne! Jetzt ist es so weit: Der Weg zum Grab des Jakobus ist zu Ende. Wie Millionen Pilger aller Jahrhunderte vor uns verharren wir auf diesem Platz, vor uns das Heiligtum, das die Reliquie enthalten soll – oder auch nicht, wie etwa die Geschichten um den »wahren Jakob« von Toulouse behaupten. Mir wird klar, dass ich zwar eine intensive innere Beziehung zu diesem alten Pilgerweg aufgebaut habe, aber noch nicht zu seinem Ziel! Ich habe die Freuden und Mühsalen des Wanderns erlebt, das tägliche Exercitium des inneren Loslassens und Annehmens von dem, was kommt, die meditative Erfahrung des »Gehens« und die bewegenden Augenblicken der Stille, sowohl in der Natur und an den »heiligen Orten« uralter Haine wie auch in manchen Kirchen, Kreuzgängen oder kleinen Kapellen. Ich fühle mich den zahllosen Pilgern verbunden, die bei aller Individualität und unterschiedlichen Nationalitäten doch eine Art Weg-Gemeinschaft bilden. Bisher waren es die vielen Erfahrungen, die mit dem Prozess des Pilgerns im Mittelpunkt standen. Hier und jetzt ist dieser Abschnitt zu Ende. Ob ich zu den Reliquien, der Kathedrale oder der Stadt Santiago eine Beziehung aufbauen kann, das muss sich erst noch erweisen.

Ich schaue auf die barock ummantelten Türme und die Fassade, die im 17. Jahrhundert vor die innen fast rein romanische Kirche gesetzt wurden, um diese größer und für den Geschmack der damaligen Zeit repräsentativer erscheinen zu lassen. Dabei war die Kathedrale für die Verhältnisse des 12. Jahrhunderts bereits riesig und nach den berühmten Vorbildern von Vezelay und Conques in Frankreich errichtet worden. Vor fast genau dreißig Jahren hatte ich schon einmal hier gestanden, war von der Autobahn

Richtung Portugal wegen dieser Kirche abgebogen und war so enttäuscht über das von mir ungeliebte Bild des Barock, dass ich mich – ohne hineinzuschauen – gleich wieder abwandte. Vielleicht sollte sie sich mir erst als Endpunkt dieses Weges »eröffnen«.

Aus einiger Entfernung wehen Klarinettenklänge herüber. Taubenschwärme flattern auf, um sich einige Meter weiter wieder gurrend niederzulassen. Die Sonne taucht den Platz in mildes Morgenlicht. Nach und nach kommen erste Reisegruppen mit ihren Führern. Ich schaue mich um: Neben dem romanischen Bischofspalast ist der Platz überwiegend von Renaissance- und Barockbauten eingerahmt. Das 1492 von den katholischen Königen gestiftete, riesige Pilgerhospiz fungiert heute als Luxushotel. Der Kontrast zum einfachen Pilgerleben könnte größer kaum sein. Ein als mittelalterlicher Pilger verkleideter Mann in brauner Pelerine, mit Schlapphut und Jakobsmuschel sowie dem Stock mit der Kalebasse, schlendert zur Kathedrale, um davor seinen Platz einzunehmen – als beliebtes Fotomotiv!

Eigentlich wusste ich es doch: Alles, was mit Pilgern und dem Pilgerweg zusammenhängt, wird spätestens hier in Santiago für den Tourismus vermarktet, und daran ist offenbar auch wenig zu ändern. Solange glücklicherweise noch genügend »echte« Pilger in der Stadt sind, bilden sie eine Art Gegengewicht. Immer mehr trudeln ein mit ihren Rucksäcken, Wanderstöcken und strapazierten Klamotten. Meist stehen sie in Grüppchen beisammen wie wir auch, freudig lachend oder tief bewegt. Manche knien sich hin, andere umarmen sich und juchzen, ein älterer Mann, dem die Erschöpfung ins Gesicht geschrieben steht, wischt sich verstohlen die Tränen fort.

Ich habe nach und nach doch das Gefühl, im Herzen dieser Stadt anzukommen, und dieses Herz schlägt so lebendig, wie ich es heute früh nicht für möglich gehalten hatte. Ich werfe nur einen kurzen, bewegten Blick in das Innere der Kirche, dann wollen wir erst einmal unsere Last im vorbestellten Hostal lassen, gleich nebenan auf der beschaulichen Plaza Fonseca. Wir beschließen, um zwölf Uhr zur offiziellen Pilgermesse in die Kathedrale zu gehen. Da uns bis dahin noch etwas Zeit bleibt, schauen wir auch gleich beim Pilgerbüro vorbei, bevor es heute Nachmittag sicher richtig voll wird. Stolz zeigen wir unsere Stempel von allen einundvierzig durchwanderten Etappen und erhalten dann – auf Latein wie seit Jahrhunderten – unsere »Compostela« ausgestellt, den Nachweis, dass wir von Oloron-Ste.-Marie in Südfrankreich bis nach Santiago gewandert sind.

Kurz vor zwölf ist es dann so weit. Ich trete in die bereits überfüllte Kirche und bin beeindruckt von ihrer lichten Höhe und der fast strengen Klarheit ihrer romanischen Architektur. Scharen von Menschen strömen hinein und nur mit Mühe kann ich noch einen Platz finden. Bei der Suche begegne ich bereits vielen vertrauten Gesichtern. Alle strahlen, freuen sich, winken einander zu, Worte fliegen hin und her. Manche Pilger habe ich seit Aragón oder Navarra nicht mehr gesehen, dabei waren sie vielleicht nur einige Stunden vor oder hinter mir unterwegs. Manchmal bin ich tagelang die gleichen Strecken gewandert wie sie, wir haben miteinander gesprochen oder zusammen geschwiegen, uns verloren und wieder in der gleichen Herberge eingefunden. Zum Teil haben wir zusammen gegessen oder lagen nachts nebeneinander auf den klapprigen Betten. Jeder von uns ist den gleichen Weg gegangen, wir haben ähnliche Erfahrungen geteilt und gleichzeitig hatte jeder dabei seinen ganz eigenen, inneren Weg. All dies bestürmt mich. Ich freue mich, dass mir in einer der Bänke noch ein wenig Platz gemacht wird.

Als ich dann aber nach vorn auf den Hochaltar blicke und darüber in üppiger, goldener Verzierung einen barocken Jakobus als Matamoro (Maurentöter) wahrnehme, mit gezücktem Schwert und zu Füßen seines Pferdes bereits die Häupter der hingemetzelten Mohren, da bin ich schlicht entsetzt. Wie ist es möglich, dass das Töten von Menschen in einer christlichen Kirche bis heute an exponierter Stelle verherrlicht wird! Schon während des ganzen Weges hatte ich meine Probleme und Anfragen, wie die Kirche die Gestalt des Jakobus zum Maurentöter funktionalisieren konnte. Vielleicht wurde dies im Mittelalter und im Bemühen um die Wiedereroberung der maurisch besetzten Gebiete anders erlebt. Doch dass diese Verherrlichung auch heute noch zugelassen wird, macht mich fassungslos.

Mit großer innerer Distanz folge ich der Pilgermesse. Ich finde erst wieder zu meiner Offenheit zurück, als es in der eindringlichen Predigt darum geht, dass der eigentliche Weg, der »innere Weg«, nicht in Santiago ende, sondern vielleicht erst hier und nach der Rückkehr anfange. Dann nämlich werde es darum gehen, die wichtigen inneren Erfahrungen und Einsichten in den eigenen Alltag zu integrieren. Doch noch darüber hinaus sei es bedeutsam, sie nicht nur ins eigene Leben ausstrahlen zu lassen, sondern sie auch in die Welt hinauszubringen.[33] Damit stimme ich überein. Hier gelingt es mir, innerlich eine Brücke zu schlagen zu dem Nachmittag in Astorga und den Worten des ehemaligen Pilgers Olivio, der uns die Knoblauchsuppe zubereitet hatte. Ja, vieles ist mir auf dem Weg durch den Sinn gegangen, doch wie ich es nach meiner Rückkehr umsetze, das ist noch völlig offen!

Irgendwann wird das über einen Zentner schwere Weihrauchgefäß, der Botafumeiro, mit Hilfe von acht Männern an einem über zwanzig Meter langen Seil durch das Querschiff geschwenkt, nein: Es fliegt nach beiden Seiten bis fast unter das Gewölbe! Weihrauchduft zieht allmählich durch die Kathedrale. So hat der Klerus sein Leiden am Gestank so vieler Pilger auf diese Weise produktiv lösen können. Angeblich diente es der Hygiene, heute ist es eine gelungene Inszenierung, wahrscheinlich einmalig auf der Welt.

Nach der Messe stelle ich mich an, um über eine Stiege seitlich vom Hochalter zu dem viel bescheidener wirkenden, mittelalterlichen »Umarmungs-Jakob« hochzusteigen, der dort unbeweglich auf die Pilgerschar zu blicken scheint. Es hat sich eingebürgert, diese Skulptur von hinten zu berühren, manche küssen sie auch. Ich reihe mich ein, ohne dem viel abgewinnen zu können.

Ganz anders ist es, als ich die Stufen zum Schrein mit den angeblichen Reliquien unter den Altar hinabsteige. Durch einen Zufall habe ich das Glück, für einige Minuten alleine in diesem winzigen Raum der Krypta zu sein. Er kommt mir vor wie die Herzkammer der Kathedrale. Hier spüre ich eine mich durchflutende Energie, wie an einem wirklich heiligen Ort. Ich bin überrascht und verwirrt: Da ich Zweifel daran habe, ob es sich wirklich um die Gebeine des Apostels handelt, kann ich mir diese Energie nur damit erklären, dass hier seit Jahrhunderten Menschen inbrünstig gebetet haben. Doch mit oder ohne echte Reliquie, mit oder ohne Glauben an die Ausstrahlung einer solchen, dieser Platz wird für mich zu meinem eigenen Erstaunen der innere Endpunkt. Hier habe ich das Gefühl, nach dem langen Weg anzukommen.

Da mir jemand aus »meiner« Pilgertruppe einen Zeitpunkt zugeflüstert hat, an dem wir uns draußen auf der Plaza do Obradoiro treffen wollen, reiße ich mich los, um noch rechtzeitig hinzukommen. Richtig, da stehen sie schon alle, glücklich und lachend: Lena und Mary, Antonia aus Rom, Geri aus Holland und all die anderen im Alter von dreißig bis siebzig. Einige noch mit ihrem Rucksack, sie sind gerade erst eingetroffen. Es ist die Zeit für Gruppenfotos, die den Abschied einläuten. Mit manchen tausche ich Adressen aus, doch das ist eher ein hilfloser Versuch, zu überspielen, dass wir uns voraussichtlich nie mehr begegnen werden. Nur von Lena höre ich, dass sie und Mary genauso wie wir übermorgen nach Finisterre, an das »Ende der Welt«, fahren wollen.

Nachmittags schlendere ich durch die Altstadt und habe Muße, in all die Gassen einzutauchen und die kleinen Plätze zu entdecken. Gerade rechtzeitig erreiche ich noch eine der Arkadenstraßen mit ihren überdachten Bürgersteigen, als wieder der galicische Schnur-Regen einsetzt. Es herrscht trotzdem ein munteres Treiben hier, Spezialitäten werden feilgeboten, melancholische Fadomusik dringt aus einem Laden. Ich fühle mich ein wenig benommen, es kommt mir eher so vor, als ob ich einen freien Tag in Compostela verbringen würde, um morgen oder übermorgen weiterzuwandern. Ich kann es noch nicht fassen, dass ich den Pilgerweg hier beende. Wenn ich es mir klarmache, wird bei aller Freude über das Ankommen etwas in mir auch tieftraurig.

Irgendwann treffe ich Philippe und kurz danach Sally. Für ihn und Florence ist es der letzte Abend, ebenso für Jean-Philippe und Sally, die morgen in die USA zurückfliegen wird. Wir beschließen, ihn alle zusammen zu verbringen. Wie werden die Paare, die sich auf dem Weg gefunden haben, ihren Abschied begehen? Wie gut geht es da Tim und mir, diese Weg-Erfahrung zusammen und doch auch jeder für sich gemacht zu haben und sie in unser gemeinsames Leben mitnehmen zu können. Abends treffen wir uns zu einem richtig guten Essen in einem Restaurant. Geschichten gehen hin und her, äußerlich ist es eine fröhliche Runde – und doch nagt der Abschied an jedem von uns.

Santiago de Compostela, Montag, den 9.7.
Bis spät in die Nacht spielte der Mann mit der Klarinette an der Ecke zur Plaza Fonseca. Das Gemurmel von den Cafés und Bars mischte sich mit dem Wassergeplätscher vom Brunnen und den mächtigen Glocken der Kathedrale gleich nebenan. Doch wir wohnen in einer kleinen Mansarde hoch oben unter dem Dach, und alles dringt

gedämpfter an mein Ohr. Ich habe noch lange wach gelegen, überflutet von Eindrücken und Gefühlen des gestrigen Tages und mit der Aussicht, heute ausschlafen zu können und mich nicht anstrengen zu müssen. Das Ausschlafen klappt nicht besonders gut. Seit sechs Wochen bin ich in der Morgendämmerung aufgestanden, prompt wache ich auch heute früh auf.

Der Tag vergeht mit den Vorbereitungen für unsere Rückreise. Philippe, der den Weg zum zweiten Mal gegangen ist, riet uns eindringlich, keinen Flug zu nehmen, sondern uns Zeit für den Rückweg zu lassen. »Der Geschwindigkeitsschock ist sonst zu groß, ihr werdet sowieso Schwierigkeiten damit haben, in ein paar Tagen wieder im Alltag funktionieren zu sollen!« Wir entschließen uns daher, den Bus zu nehmen, der von Santiago bis Frankfurt in knapp dreißig Stunden durchfahren wird, teilweise über Strecken, die wir auch gewandert sind.

Wieder Bummeln durch Santiago, ich besuche einige Museen, erfahre etwas über die Lebensbedingungen des galicischen Volkes, schlendere durch die umgrenzte Altstadt. Sie hat mit ihren alten Straßen, Gassen und Plätzen, den vielen Brunnen und Winkeln, in denen ich mich Jahrhunderte zurückversetzt fühle, noch ein »menschliches Maß«. Gleichzeitig kommt es mir so vor, als ob die Häuser von Santiago über ein Jahrtausend die Euphorie der Pilger aufgenommen hätten und sie nun ausstrahlten. Oder ist es nur meine eigene Euphorie?

Irgendwann begegne ich durch Zufall Olga aus Barcelona und der über sechzigjährigen Rosanna aus der Nähe von Turin, die gerade in Santiago ankommen. Rosanna trägt zu ihren Wanderklamotten immer noch den eleganten Sonnenhut, der sie als Dame von Welt zeigt. Wir begrüßen uns voll Freude. Wie viel Verbundenheit entsteht doch durch diese gemeinsame Weg-Erfahrung. Habe ich sie in Atapuerca, kurz vor Burgos, das letzte Mal gesehen? Mit Rosanna hatte ich intensive Gespräche unterwegs, besser: Sie erzählte mir viel von sich, ohne je zu fragen. Auch sie sind mit ihrem »Tross« abends zu einem Essen verabredet, das Olgas Mann zu ihrer Begrüßung organisiert hat, und laden uns dazu ein.

Immer wieder kehre ich zur Kathedrale zurück, gehe durch den so klar gegliederten, hohen und lichten Innenraum und steige oft hinab in die Höhlung der Krypta. Es ist immer wieder ein Wunder, dass ich ein paar Minuten alleine dort sein kann! Ich habe Zeit, diese Kirche in Ruhe für mich zu entdecken. Es gibt dort so unendlich viel zu bestaunen! Alleine der Pórtico de la Gloria entzückt mich stets von neuem! Beendet im Jahr 1188, war er einst das romanische Hauptportal mit einer offenen Vorhalle (jetzt hinter der barocken Fassade). Hier wird bis heute ein kleines Ritual von den Pilgern durchgeführt: Die fünf Finger der rechten Hand werden mit einem Gebet an den Schaft der Säule mit dem hl. Jakobus gelegt, wo sich seit dem Mittelalter fünf Vertiefungen im Stein gebildet haben. Wenn man will, kann man seine Stirn auch noch an die kniende Figur des Meister Matteo legen, der diesen wunderbaren Pórtico »der Herrlichkeit Gottes« (de la Gloria) schuf.

Bei dieser wahrscheinlich schönsten spätromanischen Skulpturengruppe sitzt der Apostel Jakobus mit mildem und durchgeistigtem Gesicht an der Mittelsäule. Über ihm im mittleren Feld thront Christus als Pantokrator und allmächtiger Richter, umgeben von Engeln und den Symbolen der vier Evangelisten, die seine Kreuzigung und Auferstehung bezeugten, sowie vierzig Märtyrern mit den »Kronen der ewigen Seligkeit«. Ein Posaunenengel bläst zum Jüngsten Gericht. Die Rollen mit den guten und schlechten Taten der Menschen werden enthüllt. Engel und Dämonen ringen um jede Seele. Wie immer werden zur Rechten Christi die Gerechten dargestellt, zu seiner Linken die Verdammten mit Lastern wie Geiz, Völlerei und Hochmut. Doch wird die Drohung, von Teufeln gequält zu werden, hier gemildert durch die Verzückung der 24 Ältesten der Apokalypse, die mit ihren Saiteninstrumenten am äußeren Rand des Bogenfelds sitzen und mit seligem Gesicht zu einer himmlischen Sphärenmusik beitragen oder ihr zu lauschen scheinen. In ihnen vermittelt sich für mich etwas von den Wonnen einer zeitlosen Ewigkeit, wie sie auch im Kloster Leyre in der Legende vom Abt Virila und seiner Ekstase beim Lauschen der Nachtigall berichtet wird.

Was mir in Santiago noch irgendwie fehlt, ist klassische Musik. Seit gestern fallen uns Plakate auf, die das Requiem von Verdi für heute, 22 Uhr, gleich neben der Kathedrale auf der Plaza de las Platerías, dem Platz der Silberschmiede, ankündigen. Ich habe große Sehnsucht danach, ein Konzert zu hören und wir beschließen hinzugehen. Schon nachmittags werden Unmengen Stühle hingeschafft und eine große Tribüne aufgebaut. Die Wolken haben sich verzogen, es hat aufgeklart. Als die Nacht anbricht, erscheint der Platz mit seinem Pferdebrunnen wie eine lebendige Kulisse unter einem Himmel voller Sterne.

Schon bald nach Beginn verlassen wir unseren reservierten Sitz und schleichen uns zu der großen Treppe vor dem 1103 entstandenen Platerías-Portal am Ende des Platzes, dem ältesten Bauteil der Kathedrale. Hier haben wir unseren Ort gefunden, um dieser bewegenden Musik zu lauschen, die mich tief berührt. Voll Gefühl, zart und leise umspielt sie uns, sammelt sich in tiefem Ernst, um danach mit archaischer Macht zu uns hochzubranden wie ein Aufschrei! Ich höre in den eindringlichen Chorsätzen und Arien inständiges Bitten, nach und nach dann ein immer wieder durchbrochenes, zögerndes Einwilligen und zuletzt ein tiefes Einverstandensein mit dem Sterben, mit dem Hinübergehen.

Vor meinem inneren Auge steht meine Mutter, die ich vor einem Jahr bei ihrem Sterbeprozess begleiten durfte. Sie starb in meinen Armen. Die Tränen laufen mir über die Wangen, als ich ihr für diese Erfahrung danke, aber auch dafür, dass der Weg ein Jahr später so gut verlaufen ist. Gleichzeitig wird mir blitzartig bewusst, dass bei aller Euphorie der letzten beiden Tage das Ende des Weges auch das Ende meines Lebensweges symbolisiert. Auch ich werde an dieser Schwelle stehen, aufbegehren, bitten und hoffentlich einmal einverstanden sein können. Unter Tausenden von Sternen erlebe ich dies in symbolischer Form heute Nacht, hier auf diesem Platz. Memento mori – Gedenke des Todes! Ich hätte es mir zu einfach gemacht, im Freudentaumel in Santiago den Tod als anderen Pol des Lebens nicht wahrnehmen zu wollen.

9. »Ultreya«, der alte Ruf der Pilger: »Auf zu dem, was darüber hinausweist!«

Am »Ende der Welt« in Finisterre

42. Tag

Finisterre, Dienstag, den 10.7.

Diese wunderbare Musik gestern hat gefühlsmäßig für mich den Schlusspunkt unter den Weg gesetzt. Jetzt scheint es nur noch darum zu gehen, ihn loszulassen wie eine Hülle. Dazu ist dies hier ein guter Ort.

Mit dem Bus ging es heute Mittag die letzten neunzig Kilometer durch Galicien Richtung Meer. Gerne wäre ich sie noch gewandert, um den Übergang in diese neue Landschaft mit den felsigen Küsten und Sandbuchten bewusster wahrzunehmen. Doch uns fehlen diese letzten drei Tage.

Tief hängende Haufenwolken ziehen im böigen Wind über den Himmel. Das intensive Sonnenlicht lässt mal hier, mal dort unzählige Grüntöne aufleuchten, die der Schatten sofort wieder verschluckt. Irgendwann zeigen sich tiefblau die ersten Rias, fjordähnliche Meeresbuchten zwischen den Granitfelsen der Küste. Zunehmend riecht es nach Meer und Tang.

Finisterre (galicisch: Fisterre) ist ein kleines Fischerstädtchen mit einem beeindruckenden Denkmal zur Erinnerung an die vielen Ausgewanderten, die sich hier und anderswo eingeschifft haben. Im Hafen schaukeln bunte Boote, tuckernd kehren die Kutter vom Fang zurück. In ruhigen Bewegungen breiten die Fischer ihre Netze zum Trocknen aus, eine zeitlose Szene. Quartier ist schnell gefunden und der Rucksack abgegeben. Und dann endlich wieder wandern, wenn auch nur die paar Kilometer vom Ort bis zum Leuchtturm. Am Rand des Städtchens finden wir, wie so oft in den letzten Wochen, eine kleine romanische Pilgerkirche aus dem 12. Jahrhundert, Santa Maria de Finibus Terrae, und nicht weit entfernt ein verwittertes Steinkreuz. Am letzten Muschelzeichen machen wir wehmütig ein Abschiedsfoto zusammen mit Lena, die uns begleitet. Tief unten an den Felsen dröhnt die Brandung des »mare tenebrosum«, des finsteren, unheimlichen Meeres, wie es seit jeher an dieser »Todesküste« genannt wurde. Wir laufen den kleinen Pfad bis zum Leuchtturm und suchen uns dann jeder einen Platz am Steilhang, um Abschied zu nehmen.

Vereinzelt klettern andere Pilger über die Felsen, auch sie auf der Suche nach »ihrem Platz«. Manchmal finden sie eine Stelle zwischen den Klippen, um ein rituelles Bad zu nehmen, den »alten Menschen« nach diesem langen Weg abzuwaschen und den neuen hervortreten zu lassen. Ab und zu sehe ich eine dünne Rauchsäule zwischen den Steinen, wenn einer seine Kleider wie eine alte Haut verbrennt. Ich sitze zwar immer noch in meinen bewährten Wanderklamotten und erlebe eher Dankbarkeit für meine strapazierten Schuhe. Doch ich kann es gut nachfühlen, dass den neuen Gefühlen und Gedanken Ausdruck verliehen werden soll.

Riesige Wellen rollen vom Atlantik her an, ungebrochen seit Tausenden von Kilometern. Hier treffen sie zum ersten Mal auf Widerstand. Das gleichmäßige Rauschen der Brandung tief unten legt sich allmählich über die Erfahrungen der letzten Tage und Wochen, durchdringt sie nach und nach, füllt mich schließlich ganz aus in seinem archaischen Rhythmus. Ich lasse meine Gedanken treiben und spüre große Ruhe und unendliche Dankbarkeit in mir. Lange schaue ich zu, wie die Gischt in einem weiten Bogen mit der Strömung ins Meer hinauszieht. Ich könnte ewig hier sitzen bleiben und die Zeit verrinnen lassen ... eintauchen in ein Sein jenseits der Zeit.

Der Nachmittag neigt sich langsam dem Abend zu, der Abend vergeht allmählich in einsetzender Dämmerung. Eine Brise frischt auf. Wir alle sitzen reglos auf den Felsen, wie gebannt von der elementaren Kraft des Meeres, dem Spiel der Farben und dem symbolischen »Todesweg« der Sonne in die Dunkelheit, den schon die Kelten vor 2500 Jahren genauso wie Generationen von Pilgern über die Jahrhunderte hinweg gebannt verfolgt haben. Endlich versinkt sie wie ein riesiger, glutroter Feuerball im Dunst am Horizont. An diesem letzten Punkt des damals bekannten Landes endet auch der allerletzte Abschnitt des Weges in seinem bekannten Teil. Welch anderer Weg in eine noch unbekannte Dimension mag hier beginnen?

Ultreya!

Im Inneren dieser neuen Liebe, stirb! Dein Weg beginnt auf der anderen Seite. Werde der Himmel ... Tritt ins Freie wie jemand, der plötzlich in Farbe geboren wird. Tue es jetzt. ... Dein altes Leben war eine fieberhafte Flucht vor der Stille. Der sprachlose Vollmond kommt eben jetzt hervor.

Rumi

III. Nachsinnen

Einige Zeit ist seitdem vergangen. Ja, der Weg beginnt in Santiago, es ist nicht so leicht, die unterwegs gemachten Erfahrungen in den Alltag zu integrieren. Ich bin immer wieder und immer noch damit beschäftigt.

In Vorbereitung eines Workshops holte ich meine Pilgertagebücher von dem Weg durch Nordspanien noch einmal heraus und begann erneut darin zu lesen. In den Sommerferien, in einem Haus nahe dem Bodensee, hatte ich genug Zeit und Ruhe dazu. Am nächsten Tag wollte ich abreisen, auch hier war es eine Zeit der Stille und der Fülle.

Während ich meine Aufzeichnungen von der Pilgerreise durchblättere, steigen die inneren Bilder wieder in mir auf. All die Landschaften, die ich durchwandert habe: der Weg von Oloron-Ste.-Marie in Südfrankreich durch die Pyrenäen und über den Somportpass, dann durch Aragón, Navarra, Rioja, die Hochebene der Meseta, die Berge von León, den Bierzo und zuletzt Galicien. Innerlich sehe ich wieder die besonderen Plätze in der Natur, die »heiligen Haine«, die zahlreichen wunderschönen Klöster und Kirchen. Dann die Menschen, denen ich begegnet bin, mit ihren Geschichten und unsere gemeinsamen Erlebnisse auf dem Weg. Am wichtigsten: die Augenblicke der Stille ...

Es ist schon später Abend, als ich mit dem letzten Tagebuch beginne. Hier komme ich bereits kurz vor Santiago an. Ich lese über meine Eindrücke in dieser alten Pilgerstadt, wie sehr mich der Ort des Jakobus in der Krypta der Kathedrale bewegte, das Requiem von Verdi draußen auf dem Platz unter dem Sternenhimmel ... Dann die Fahrt nach Finisterre, um endgültig vom Weg und von den über sechs Wochen des Unterwegs-Seins Abschied zu nehmen: Mein Platz unterhalb des Leuchtturms, der Sonnenuntergang am westlichsten Punkt der im Mittelalter bekannten Welt ...

Es ist ganz still im Haus. Kurz vor Mitternacht klappe ich nach den letzten Seiten das Tagebuch zu – und zucke zusammen. Unten in der Küche hat sich das Radio eingeschaltet – doch nicht ich habe es getan und Tim schläft bereits. Ich habe dieses Radio lediglich beim Aufräumen der Küche heute Nachmittag mit einem Lappen abgewischt. Es war ausgestellt während der vergangenen Stunden. Doch jetzt dringt mittelalterliche Musik zu mir hoch. Als ich genauer hinhöre: Wunderschöne Lieder vom Jakobsweg, Lieder zu Ehren des hl. Jakobus!

Ich bin fassungslos! Kurz danach eine Stimme: »Wir verabschieden uns mit dieser Sendung zum heutigen Tag des hl. Jakobus, dem 25. Juli ... «

Ich vermag nicht zu sagen, wie sich diese Situation konstelliert hat. Doch sie berührt mich tief.

Ein letztes Zeichen?

IV. Über die Wandlungskraft des Weges und des Gehens. Nachgedanken

Das Neue in uns,
das Hinzugekommene,
ist in unser Herz eingetreten,
ist in seine innerste Kammer gegangen
und ist auch dort nicht mehr –
ist schon im Blut ...
Man könnte uns leicht glauben machen,
es sei nichts geschehen,
und doch haben wir uns verwandelt,
wie ein Haus sich verwandelt,
in welches ein Gast eingetreten ist ...[34]

Rainer Maria Rilke

Auch in mir hat sich durch die Erfahrungen auf den Jakobswegen etwas verwandelt und manches hat sich in meinem Leben verändert.

»Wer einmal auf dem Weg war, kommt immer wieder!« Dieser Satz vieler Pilger trifft auch auf mich zu. Ich konnte es einfach nicht über mich bringen, nach meiner Ankunft in Santiago mit dem Wandern auf Jakobswegen und der damit verbundenen Lebensweise plötzlich aufzuhören. So bin ich immer wieder neu aufgebrochen und habe mich Weg für Weg vorgearbeitet:

Ich bin in den nachfolgenden Jahren auf einem der vier durch Frankreich führenden Jakobswege gewandert, der Via Podiensis. Sie führt von Le Puy im Massif Central bis zu den Pyrenäen nach St.-Jean-Pied-de-Port. Viele Pilger beenden hier ihren Weg. Andere machen sich in diesem kleinen Ort bereit für die Überquerung der Pyrenäen und den Weg durch Spanien.

In den Jahren danach wanderte ich auf dem Jakobsweg von Genf bis nach Le Puy, dann von Konstanz durch die Schweiz bis nach Genf und schließlich von Nürnberg bis nach Konstanz. Solange meine Kräfte es zulassen, werde ich das Gehen auf Jakobswegen weiter fortsetzen. Mir ist klar geworden: Der Weg selbst ist das Ziel! Es geht nicht um einen bestimmten Zielort, sondern um die Art und Weise, wie ich achtsam Schritt für Schritt unterwegs bin – äußerlich und besonders innerlich.

Viele fragen mich, was mich so fasziniere und sich in meinem Erleben und im äußeren Leben seit den Wanderungen auf den Pilgerwegen verändert habe. Vielleicht kann ich es so veranschaulichen:

Je länger ich unterwegs bin, desto mehr erlebe ich meine Sinne wie verfeinert und fühle mich empfänglicher für die vielfältigen Eindrücke, die mir begegnen. Man könnte diesen Prozess mit dem einer inneren Reinigung vergleichen, wie es sich auch beim Fasten beobachten lässt. Aber diese innere Reinigung von unseren Alltagsbezügen betrifft nicht nur die Sinne, sondern auch mein Denken und Fühlen. Eine Zeit der Abstinenz[35] von der Reizüberflutung und Beschleunigung, die sich mittlerweile in fast allen Lebensbereichen zeigt, bewirkt nicht nur eine stärkere Sensibilisierung, sondern beschenkt uns auch mit einer neuen, bisher meist nicht gekannten Fülle des Wahrnehmens und

Erlebens und einer tiefen, inneren Resonanzfähigkeit für alle Eindrücke.

Das vielfältige Erleben der Natur, der unterschiedlichen Landschaften und des Himmels auf diesen Pilgerwegen weitet das Herz und erweckt eine tiefe Liebe zum Leben. Doch manchmal wird man auch mit dem Gegenteil konfrontiert. Gerade auf dem Weg durch den Südwesten Frankreichs zeigen sich zahlreiche Spuren von Zerstörung. Sie betreffen häufig sakrale Bauten, die im Mittelalter wie aus einer Euphorie des Bauens heraus entstanden waren. Inmitten der wunderbaren, kraftvollen und regenerationsfähigen Natur liegen da Ruinen von Kapellen, Kirchen und Klöstern, die auf das Zerstörungspotenzial von Menschen während des Hundertjährigen Krieges, der Religionskriege, der Französischen Revolution oder der deutschen Besetzung während des Zweiten Weltkriegs hinweisen.

Auch auf den Jakobswegen begegnen wir den Polaritäten des Lebens, und zu denen gehören ebenso Ungerechtigkeiten, mutwillige Zerstörung und Tod.

Ein Beispiel aus meinen Aufzeichnungen von der Via Podiensis:

»Wir erreichen einen winzigen, aber intakt wirkenden Weiler, Castelnau-sur-l'Auvignon. Bereits im 11. Jh. begründet, liegen die neu wirkenden Häuser aus weiß-gelblichem Kalkstein an der einzigen Straße sonntagsverträumt da. Aus Blumenkasten und Vorgärten blüht es bunt und doch ist niemand zu sehen. Wir schauen in die geöffnete, alte Kirche hinein und haben spontan Lust zu singen. Weil es uns so tief erfüllt und auch zweistim-

mig so schön klingt, wollen wir gar nicht aufhören. Während wir freudig singen, hören wir plötzlich von hinten Schritte. Wir blicken uns um und sehen einen erstaunten, älteren Mann. Nach einer Pause sagt er in die Stille: »Es ist schön, dass ihr hier singt. In dieser Kirche wird viel zu wenig gesungen!« Er fragt uns nach unserer Herkunft – und dann erzählt er uns kurz die Geschichte dieses Dorfes: Sowohl im spanischen Bürgerkrieg wie auch im zweiten Weltkrieg hatte es Widerstandskämpfer aufgenommen. Daraufhin wurde es von den deutschen Besatzern weitgehend zerstört, nur ein Teil der Kirche und der Turm des Schlosses blieben erhalten. Die Kirche hätten sie wieder aufgebaut. »Es ist gut, dass ihr als Deutsche jetzt mit eurem Singen etwas Schönes in diesen Ort gebracht habt!«

Ich bin tief betroffen über diese Fakten. (…) Zwar sind wir nicht »schuld« an dem, was war, aber als spätere Generation besonders verantwortlich, dass so etwas nicht wieder passiert – und diese Verantwortung beginnt bei dem Destruktiven, das jeder schon in sich selbst entdecken kann. – Mir fallen auch die Initiativen von Menschen aller Religionen ein: In Gruppen gehen sie an »verletzte Orte« wie z. B. Kriegsschauplätze, Konzentrations- und Arbeitslager. Dort versuchen sie, diese Orte – aber auch sich selbst (oft sind es Hinterbliebene der Toten) – durch Meditationen zu befrieden, zu versöhnen und zu heilen. Darin zu singen, wäre sicher auch eine heilende Energie. Warum bin ich nicht darauf gekommen, als ich beim letzten Wegabschnitt an all diesen Ruinen vorbeigegangen bin? Nachdenklich verlassen wir das Dorf. «[36]

Bezogen auf solche Eindrücke von Zerstörung, denen wir auf dem spanischen Weg nur selten begegnet waren, kann sich zeitweise auch eine tiefe Trauer über das »Unheile« inmitten des bisher so wohltuenden »Heilen« der umgebenden Natur einstellen! Ich habe erlebt, wie die Spuren von Krieg und Verwüstung, denen ich auf meinen Wanderungen begegnet bin, zwischendurch auch meine eigene Seele schmerzlich verdunkelten – bis mir klar wurde, dass ich genauso derer gedenken könnte, die sich bemühten, diese Gräueltaten zu verhindern, neu zu verhandeln oder Kompromisse vorzubereiten. Und wenn ihr Engagement damals nicht fruchtete: Diejenigen zu würdigen, die trotz aller Zerstörung immer wieder einen Neuanfang wagten und den Leidtragenden der Kriege halfen, die die Äcker neu bestellten und das Überleben sicherten. Ein tibetisches Sprichwort sagt: »Ein fallender Baum macht Krach – der Wald wächst lautlos.« Meine eigene Wahrnehmung genauso auf dieses lautlose Wachsen auszurichten, war eine weitere, wichtige Lektion durch meine Wegerfahrungen.

Auch die Eigenheiten und Ansprüche unserer heutigen Kultur erlebte ich oft wie aus einer anderen Perspektive. Manchmal führt der Weg in der Schweiz und in Deutschland durch die peinlich sauberen und fast zwanghaft herausgeputzten Eigenheim-Siedlungen. Sie wirkten fast befremdlich auf mich, wenn ich beim längeren Wandern nach so ganz anderen Prioritäten lebte und insgesamt auf die existentielle Ebene des Lebens zurückverwiesen war. Und wenn ich manchmal über Stunden keinen Laden sah und völlig erschöpft eine Person nach etwas Essbarem fragte, hörte ich auch schon mal den wenig einfühlsamen

Hinweis, der nächste Supermarkt oder das nächste Gasthaus sei doch nur sechs km entfernt. Keine weitere Nachfrage oder gar ein Angebot, etwas abkaufen zu können – und kein Auto weit und breit, mit dem man vielleicht dahin trampen könnte. Das bedeutete dann, dass kein Proviant oder Abendessen möglich würde – es sei denn, man erntet am Wegrand Brennnesseln und hat ein paar Würfel Gemüsebrühe für eine Suppe bei der eisernen Reserve im Rucksack oder findet noch Esskastanien, Fallobst, Nüsse und vielleicht sogar einige Pilze …

Dem stehen meine Erfahrungen mit ehemaligen Pilgern – aber auch anderen netten Menschen – gegenüber. Auf einigen Strecken der Jakobswege mangelt es an offiziellen Pilgerherbergen, daher haben die Jakobsgesellschaften oder Freiwillige Privatquartiere ermöglicht. Manche zeigen so ihr großes Herz – dadurch fand ich mich in Bauernhäusern oder Familien wieder, zu denen ich sonst nie Zugang gefunden hätte. Bei der telefonischen Anmeldung bei Privatpersonen wurde mir manchmal bedauernd gesagt, man könne mich leider berufsbedingt erst am späteren Nachmittag aufnehmen. Aber während ich ab und zu geraume Zeit vor der Türe warten musste, kam es auch einige Male vor, dass mir als Fremder genaue Angaben gemacht wurden, wo der Hausschlüssel versteckt sei. »Suchen Sie sich eins von den Kinderzimmern aus und machen Sie es sich schon mal bequem«, hieß es, und als diese freundlichen Menschen dann heimkehrten, war ich bereits geduscht, etwas ausgeruht und meine Wäsche flatterte auf der Leine im Garten.

Ab und zu wurde ich bei einem ausgemachten Treffpunkt abgeholt, weil der Ort mit dem Privatquartier zu weit vom Jakobsweg entfernt gewesen wäre, oder es wurde mir eines der Kinder entgegengeschickt, um mich zum Haus zu führen. Einmal fand ich bei einer jungen Familie Unterschlupf, die Mutter war schon bei der Nachtschicht und der Vater, ein Clown, hütete die drei Kinder und bereitete ihnen das Abendbrot. Es wurde die lustigste Mahlzeit, die ich je erlebt habe: Vor lauter Lachen habe ich kaum einen Bissen herunterbekommen, denn alles wurde clownesk gewendet, und auch der Alltag des Wanderns mit seinen Unwägbarkeiten und Improvisationen erwies sich als pantomimische Fundgrube. Als er mich am nächsten Morgen wieder zum Ausgangspunkt des Weges zurückbrachte, hatten wir dann tiefe Gespräche über seine Arbeit als Clown auf der Kinderstation eines Krankenhauses und dort besonders mit unheilbar kranken oder sogar sterbenden Kindern.

Ich habe auch schon bei dem alten Hausmeisterehepaar eines Schlosses in ihrer kleinen Gartenlaube auf der Eselsweide genächtigt. Mit dieser Eselin für das Gepäck wollten sie im nächsten Jahr nach Santiago wandern – und ich konnte ihnen teils nervige, teils lustige Erfahrungen von anderen Wanderern weitergeben, die auch mit einen Esel gegangen waren. – In tiefster französischer Provinz schlief ich sogar in einem alten, schmucken, kleinen Rathaus. »Aus den besseren Zeiten dieses Ortes«, wie ein betagter Mann, Mitglied einer Jakobsgesellschaft, uns erzählte. Er hatte bewirken können, dass zwischen zwei sehr langen Etappen, wo keine andere Unterkunft möglich gewesen wäre, in diesem öffentlichen Gebäude ein kleines Zimmer mit einem Etagenbett, Dusche und Kochmöglichkeit ausgestattet wurde (sowie einigen Konserven samt Spendenkästchen!). Allerdings musste man zum WC über den zentralen Platz auf die öffentliche Toilette gehen, »aber nachts sieht einen ja keiner«, hieß es. Welche Erleichterung und Dankbarkeit, diesen Ort gefunden zu haben!

Ich bin dem Leben in seinen vielfältigen Ausformungen beim Pilgern so nahe gekommen! Ich habe Menschen schätzen gelernt, die ich sonst nie getroffen hätte, wie Régine, die uns auf ihren Bauernhof mitnahm und aus ihrem Garten verköstigte, nachdem wir Stunden vergeblich vor einer privaten Pilgerherberge gewartet hatten. Oder auch der alte René, ursprünglich ein »machtgewohnter Kommunalpolitiker« (wie er sich selbst nannte), der nach einer Herzoperation nicht mehr wie bisher weiterleben konnte. Er hatte eine tiefe, spirituelle Nahtoderfahrung gemacht, wie er mir später anvertraute, die er mit niemandem aus seinem Umfeld teilen und mit der er anfangs auch selbst nicht gut umgehen konnte. Irgendwann sei er auf die Idee gekommen, auf den Jakobsweg zu gehen. »Das tat mir gut. Ich habe so viele Menschen getroffen und mit ihnen tiefe Gespräche geführt, so viele neue Gedanken kennengelernt. All dies hat mein Leben komplett verändert! Aber auch das ist meinen früheren Freunden schwer zu vermitteln. Sie halten weiter an den Werten fest, die auch ich einmal teilte. Aber jetzt ist mir ganz Anderes wichtig geworden – und immer wieder muss ich auf den Weg, um weiter zu lernen!« – Ebenso erfuhr ich Geschichten von anderen

Pilgern, die kurz vor mir auf dem Weg waren, wie z. B. von einer 78-jährigen Frau aus Leipzig, die sich ihren Lebenstraum verwirklichen wollte, aber sich mit zu wenig Geld und deswegen mit Zelt und viel zu schwerem Rucksack von ihrer Haustüre aus auf die Wanderschaft nach Santiago gemacht hatte. Sie schlug sich durch – oder wurde gastfreundlich aufgenommen.

Ich könnte noch viele weitere Geschichten erzählen, ergreifende und humorvolle, die mir diese Wegerfahrungen zu einer Kostbarkeit meines Lebens machen. Sie haben meine Sicht und mein Erleben erweitert und bereichert, Vorurteile korrigiert, Humor geweckt und nach sorgenvollen Gedanken, ob sich für ein Problem hoffentlich irgendeine Lösung finden ließe, meist Vertrauen und Dankbarkeit entstehen lassen. Und so zeigte sich nach und nach meine Wandlung zu mehr Offenheit dem Leben gegenüber – und zu mehr Einfachheit und Hinwendung zum Wesentlichen.

»Werdet Vorübergehende«, heißt es in einem Logion des Thomas-Evangeliums.[37] Pilger sind – wenn auch nur zeitweise – Vorübergehende. So besteht eine weitere wichtige Lektion darin, immer mehr ein Loslassen zu üben und aus der eigenen Tiefe heraus zu erfahren, dass es um Anderes geht, das man nicht »haben« oder »festhalten« kann: Dass Leben sich in einem komplexen Entwicklungs- und Wandlungsprozess vollzieht, dass letztlich alles miteinander verbunden ist und alles wirkt und wir ein Teil davon sind, worauf auch Quantenphysik und Chaostheorie hinweisen. Durch die Erfahrung des Wanderns konnte ich es tief erleben.

Doch was folgt daraus? Geht es nur um schöne Gefühle oder eine Verlebendigung unseres eigenen Lebens? In der Kathedrale von Santiago wird den Pilgern mit auf den Rückweg gegeben: »Der Weg endet nicht, sondern er beginnt in Santiago!« Damit ist der Prozess gemeint zu versuchen, die »Lektionen des Weges« im eigenen Alltag mehr und mehr umzusetzen. Wie dies konkret aussehen mag, muss jeder oder jede für sich selbst entscheiden. Umso besser, wenn die Erfahrungen von unterwegs uns die Kostbarkeit alles Lebendigen wieder bewusst und erlebbar machen. So können sie zu Kraftquellen für ein Wirken in der Welt werden, um Leben insgesamt zu schützen – und in meinem unmittelbaren Umfeld kann ich mit meinen begrenzten Kräften meistens schon eine ganze Menge tun …

Wenn man immer mehr lernt, loszulassen und offen zu sein, um das zu akzeptieren, was gerade begegnet, dann erlebt man eine beeindruckende Fülle des Lebens. Deshalb verspürte ich – je häufiger ich unterwegs war – immer mehr diesen »Sog« des Weges. Manche sagen, er mache direkt süchtig. Doch diese Ausdrücke meinen eher, dass in uns selbst etwas wach wird, das leben und sich entfalten möchte und bei den überwiegend positiven Wegerfahrungen mit Glücksgefühlen reagiert. Dies geht bei weitem über die »vermehrte Ausschüttung von Endorphinen durch die Anstrengung« hinaus – wie es eine befreundete Ärztin zu erklären versuchte.

Doch es gibt noch eine andere Ebene, die über das hinaus-weist, was sich gemeinhin vom Weg in Geschichten und Eindrücken erzählen lässt:

Seit meiner Rückkehr vom spanischen Pilgerweg erlebe ich immer wieder dieses Paradox: Es gibt diese schwer zu beschreibende Sehnsucht, die einerseits gestillt und ande-rerseits noch brennender geworden ist. Aber heute ist es weniger die Sehnsucht nach einem bestimmten Weg. Es ist vielmehr ein Sehnen erwacht nach den Tiefen dieser Lebens- und Erlebensweise, »auf dem Weg« zu sein, mehr noch: mich zu öffnen für das, was darüber hinaus geht, für das Geheimnisvolle, für das Numinose. Mich in aller äu-ßeren Einfachheit innerlich so frei zu fühlen, mit offenen Sinnen für das, was mir begegnet an Fülle und Schönheit, doch erst recht offen zu sein für die mich tief berühren-den Augenblicke, die sich jeder Beschreibung entziehen ... Ausgesetzt den Unwägbarkeiten von Wegen und Wettern, bin ich doch gleichzeitig durch die tägliche Anstrengung des Gehens, das irgendwann fast zur Meditation werden kann, tief mit mir verbunden, erlebe die wunderbare, le-bendige Stille der Natur – und manchmal auch die »Stille jenseits der Stille«, den »Klang der Stille« ... Darin liegt die tiefste Sehnsucht.

Wer sich immer wieder auf den Weg begibt, bei dem scheint sich neben der Übung, mit den äußeren Wagnissen des Wanderns oder Pilgerns umzugehen, nach und nach eine innere Erlebensform, fast wie ein innerer Persön-lichkeitsanteil des »Wanderers« oder »Pilgers« heraus-zubilden. In den Zeiten, wenn ich sozusagen sesshaft bin, spüre ich diesen Anteil eher indirekt: Ich kann heute sehr anspruchslos leben und weiß nun, dass ich wenig brauche, um glücklich zu sein. Allein die Erinnerungen an den Weg mit all seinen Geschichten und Erfahrungen weiten mir schon das Herz! Doch ab und zu ergreift mich dann diese schwer zu erklärende Sehnsucht, dass ich am liebsten alles liegen lassen und am nächsten Morgen losgehen würde. Warum? Es entsteht durch die äußere Kargheit eines Wanderlebens und die Katharsis täglicher Anstrengungen, während der ich meist gleichzeitig von einer unbegreiflich »wunder-vollen« Natur umgeben bin, ein innerer Prozess, der mich zu den Wurzeln meiner eigenen Existenz führen kann. Es geht um ein Be-weg-en der existenziellen Fragen meines eigenen Lebens und des Lebens überhaupt, der Fragen nach Sein, Sinn und Tod – und dem, was darüber hinausweist.[38]

Was ist wirklich wesentlich im Leben? Und was ist für mich wesentlich? Was zählt letztlich? Solche Fragen werden vermutlich jeden begleiten, der sich länger auf einen äußeren und inneren Weg begibt. Wenn ich einwillige, immer wieder in Stille zu wandern, erlebe ich, dass sich allmählich Gedanken und Gefühle beruhigen, klären und vertiefen und ich diesen Fragen und manchmal auch meinen eigenen Antwortversuchen näher komme. Doch jeder hat seinen ganz eigenen Weg mit sich selbst! Da mag ich morgens eher mit Anstrengungen oder inneren Konflikten kämpfen und nachmittags in beglückenden Augenblicken schwelgen – aber dann über einen Stein stolpern und schon hat mich der Alltag wieder. Immer wird es darum gehen, beide Polaritäten zu verbinden: Erfahrungen von schmerzlichen Grenzen und tiefem Glück, Banales und Besonderes, Schweigen und Sprechen, Lachen und Gemeinschaft mit anderen und Alleinsein, das in manchen Augenblicken zum »All-Eins-Sein« aufblühen kann.[39] Dieses breite Erfahrungsspektrum, das eine längere Wanderschaft anbietet, kann sich am Ende zu dem Gefühl runden, innerlich »vollständiger« geworden zu sein – und vor allem, intensiv gelebt zu haben.

Leben bedeutet Prozess, Wandlung, auf dem Weg sein. Nicht umsonst hat sich die Weg-Metaphorik dafür über Jahrhunderte erhalten, obwohl heute viele Menschen in ihrem konkreten Alltag diese Erfahrungen kaum noch kennen. Auch dieser Tag heute wird sich vor mir ausbreiten wie ein Stück Weg durch eine Landschaft: Mal offen, mal verschlungen, einladend oder auch mit schwierigen Herausforderungen. Doch ich gestalte mein heutiges Stück Weg, meine heutige »Tages-Landschaft« zu einem gewissen Anteil mit. Ich kann dazu beitragen, dass es nicht nur anstrengend wird, sondern auch tiefe und heitere Augenblicke enthält. Meine innere Haltung schafft oder beeinflusst bildlich gesprochen den Weg, die seelische »Landschaft« oder zumindest das Licht, das auf diesen Tag, auf diesen Teil meines Lebens fällt.

Seit langem begleiten mich die denk-würdigen Zeilen, die dem Sufi *Rumi* (1207–73) zugeschrieben werden. Sie möchte ich an den Schluss stellen:

Achte gut auf diesen Tag,
denn er ist das Leben –
das Leben allen Lebens.
In seinem kurzen Ablauf liegt alle
Wirklichkeit und Wahrheit des Daseins,
die Wonne des Wachsens
die Größe der Tat,
die Herrlichkeit der Kraft –
denn das Gestern ist nichts als ein Traum
und das Morgen nur eine Vision.

Das Heute jedoch – recht gelebt –
macht jedes Gestern
zu einem Traum voller Glück
und jedes Morgen
zu einer Vision der Hoffnung.

Anmerkungen

1 Aus: Vielleicht ist irgendwo Tag. F. H. Kerle-Verlag, Freiburg 1981.
Zit. nach: Mystische Spiritualität (Unveröffentlichte Textsamm-
lung, zusammengestellt von Willigis Jäger, o. J.), S. 55.

2 Ich musste oft an Übungen der Tiefenökologie denken (besonders an die von Joanna Macy), in denen auf dem Hintergrund
eines systemischen und ökologischen Weltbildes versucht wird,
die Sinne zu schärfen und ein sogenanntes ökologisches Selbst zu
entwickeln. Der Versuch, Mensch und Natur in ihrer wechselsei-
tigen Verbundenheit zu entdecken, erfolgt in der Tiefenökologie
jedoch nicht mit erhobenem Zeigefinger, sondern sie versucht
gerade umgekehrt, durch Übungen der Achtsamkeit und des lie-
benden Mitgefühls für alle Wesen wieder eine zärtliche Haltung
zur Erde als Grundlage für alles Engagement zu bestärken.
Vgl. auch Gottwald, F.-T./Klepsch, A. (Hrsg.): Tiefenökologie.
Wie wir in Zukunft leben wollen. München 1995, sowie Macy, J.:
Die Wiederentdeckung der sinnlichen Erde, Zürich/München
1991.

3 Zit. nach: Mystische Spiritualität, a.a.O., S. 32.

4 Vgl. Barret, Pierre und Gurgand, Jean-Noël: Auf dem Weg nach
Santiago. In den Spuren der Jakobspilger. Freiburg (1984) 2004.

5 Vgl. Fromm, Erich: Haben oder Sein. Die seelischen Grundlagen
einer neuen Gesellschaft. Stuttgart 1976 sowie Sölle, Dorothee:
Mystik und Widerstand, Hamburg 1997, S. 292 ff.

6 Empfehlenswert ist zur Vor- oder Nachbereitung der Reiseführer
von Wegner, Ulrich: Der Spanische Jakobsweg. Reihe Richtig
Wandern (DuMont), Köln 1997.

7 Pilger sein greift für einen begrenzten Zeitraum das auf, was Jesus
von seinen Jüngern verlangte, als er sie aufforderte, alles zu verlassen und ihm nachzufolgen. Im Thomas-Evangelium heißt es in
allgemeiner Form im 42. Logion: »Werdet Vorübergehende«
(vgl. Martin, G. M.: Werdet Vorübergehende. Stuttgart 1988,
S. 172 ff.). Pilger sein wird zu einem Bild für einen Menschen, der

seine irdische Existenz als vorläufig betrachtet und letztlich nach einem überweltlichen Leben sucht.

8   Rilke, R. M.: Motto aus: Mir zur Feier, 1900 (Geschrieben am 2.11.1897).

9   Arius von Alexandrien (gest. 336 n. Chr.) lehrte, dass Christus nicht gottgleich, sondern ein (nicht ewiges) Wesen unter Gott sei. Der Arianismus wurde 325 auf dem Konzil von Nicäa als Irrlehre verurteilt, von oströmischen Kaisern zeitweise jedoch weiter unterstützt. Die Goten, die mit ihnen verbündet waren, nahmen das arianische Christentum an und brachten, es nach Spanien.

10   von hospicio = Armenhaus, Pilgerherberge bzw. hospital = Krankenhaus abgeleitet; heute derjenige, der eine Pilgerherberge betreut. Oft sind es Freiwillige, die es meist für zwei Wochen im Auftrag einer der vielen Jakobus-Gesellschaften in Europa tun, von denen die Herbergen finanziell unterstützt und instand gehalten werden.

11   Nach Wegener, U.: a. a. O., S. 74.

12   Kierkegaard, Søren (1813–55), zit. nach Walch, Gerhard: Fünf Religionen – ein Weg. Unveröffentlichtes Manuskript o. J.

13   Tucek, Gerhard: Altorientalische Musiktherapie im interkulturellen Dialog – Kulturimmanente und kulturtranszendente Aspekte im Menschenbild. In: Egner, Helga (Hrsg.): Heilung und Heil. Begegnung – Verantwortung – Interkultureller Dialog. Düsseldorf/Zürich 2003.

14   Mystische Spiritualität, a. a. O., S. 46.

15   Deutsche Bibelstiftung Stuttgart nach der Zürcher Bibel 1942, S. 636.

16   Neurobiologen würden vielleicht ergänzen, dass damit eine vertrauensvolle Sicht konstelliert wird, die per se schon Positives bewirkt (z. B. im Körper Stress zu minimieren und damit Energie zu sparen). Im Verlauf der Entwicklung des Menschen haben sich solche Modelle bewährt. Vgl. Bauer, Joachim: Das Gedächtnis des Körpers. Wie Beziehungen und Lebensstile unsere Gene steuern. München 2004.

17   Vgl. hierzu die Forschungen und Ergebnisse über Nahtod-Erfahrungen von Moody, Raymund A: Leben nach dem Tod.

Hamburg 1978; von Morse, Melvin und Perry, Paul: Zum Licht.
Frankfurt 1992 und neueren Datums von Schröter-Kuhnhardt,
z. B. in: Hessischer Rundfunk (TV), »Jenseitsreisen« vom
4. 5. 2004.

18 Vgl. Sölle, Dorothee, a.a.O., S. 25 ff.

19 Verfeinerter Steinmetzstil des 15./16. Jahrhunderts »nach Art der
Silberschmiede«, abgeleitet vom Mudejar-Stil der spanischen
Spätgotik und von Formen der italienischen Frührenaissance.

20 Hildegard von Bingen, in: Riedel, I.: Gottesbilder – Bilder der
Seele. Erschienen in: Betroffen von Gott. Arnoldshainer Texte
Bd. 1, 1980/81, S. 5. Vgl. auch Riedel, I.: Hildegard von Bingen.
Prophetin der kosmischen Weisheit. Stuttgart 1994.

21 Vgl. Charpentier, Louis: Der Pilgerweg nach Compostela. Olten
1979.

22 Vgl. Moore, Robert I.: Die erste europäische Revolution. Gesellschaft und Kultur im Hochmittelalter. München 2002, S. 146 f.

23 Buch der Sprüche 8,22 ff. Hier nach einer freieren Übersetzung
aus Mystische Spiritualität, a.a.O., S. 14.

24 Rilke, R. M.: Das Stundenbuch. Frankfurt/M. 1981, S. 12.

25 Rilke-Projekt Vol. 2: »In meinem wilden Herzen«.

26 Vgl. den Dokumentarfilm »What the bleep do we (k)now?«
(Die Filmemacher W. Arntz, B. Chasse und M. Vicente zitieren
als deutschen Ersatztitel Sokrates: »Ich weiß, dass ich nichts
weiß.«) Hier wird u. a. dieses Thema aufgegriffen. Dabei wird
auch Max Planck zitiert: »Als Physiker (…) bin ich sicher von
dem Verdacht frei, für einen Schwarmgeist gehalten zu werden.
Und so sage ich nach meinen Erforschungen des Atoms Folgendes: Es gibt keine Materie an sich! Alle Materie entsteht und
besteht nur durch eine Kraft, welche die Atomteilchen in Schwin-
gung bringt und sie zum winzigsten Sonnensystem des Atoms
zusammenhält. Da es aber im ganzen Weltall weder eine intelli-
gente noch eine ewige Kraft gibt – es ist der Menschheit nie
gelungen, das heiß ersehnte Perpetuum mobile zu finden –, so
müssen wir hinter dieser Kraft einen bewussten Geist annehmen.
Dieser Geist ist der Ursprung aller Materie. Nicht die Sichtbare,
aber vergängliche Materie ist das Reale, Wahre und Wirkliche,

sondern der unsichtbare und unsterbliche Geist ist das Wahre. Da es aber Geist an sich nicht geben kann und jeder Geist einem Wesen angehört, so müssen wir zwingend Geistwesen annehmen. Da aber auch Geistwesen nicht aus sich selbst sein können, sondern geschaffen worden sein müssen, so scheue ich mich nicht, diesen geheimnisvollen Schöpfer ebenso zu nennen, wie ihn alle alten Kulturvölker der Erde genannt haben: Gott.« (Vgl. www.bleep.de.)

27 Jost, G. (Hrsg.): Stille, Licht und Klarheit. Vom Geist der Romanik. Kassel 2004, S. 51.

28 Rumi, in: Mystische Spiritualität, a.a.O., S. 104.

29 Vgl. Wilber, Ken: The Eye of Spirit. Darin: Das Ende der Großen Suche, übersetzt und frei übertragen von Peter Lengsfeld in: Mystische Spiritualität, a.a.O., S. 121 ff.

30 a.a.O.

31 a.a.O.

32 a.a.O.

33 Vgl. dazu auch Sölle, D.: Mystik und Widerstand. a.a.O., S. 241 ff.

34 Rilke, R. M.: Briefe an einen jungen Dichter. An Franz Xaver Kappus, 12. 8. 1904

35 Es kann sich positiv auswirken, während der Wanderungen das Smartphone nur für eventuelle Notfälle bei sich zu tragen, aber für alles andere eine Abwesenheitsnotiz einzurichten.

36 Spessart-Evers, Stefanie: Auf dem Jakobsweg durch Frankreich: Gehen – singen – lauschen – staunen. Via Nova, Petersberg 2017, S. 149.

37 Martin, Gerhard Marcel: Werdet Vorübergehende. Das Thomas-Evangelium zwischen Alter Kirche und New Age. Radius-Verlag, Stuttgart 1988, S. 172.

37 Es ist letztlich egal, wie wir es bezeichnen, als Gott oder das Göttliche oder, wie Willigis Jäger, als »die Erste Wirklichkeit«.

38 Vgl. Spessart-Evers, Stefanie: Vom leuchtenden Grund des Seins. Augenblicke der Ewigkeit. Via Nova, Petersberg, 2016.